# Porno, parlons-en !

**Éditions Favre SA**
Siège social et bureaux :
29, rue de Bourg – CH-1002 Lausanne
Tél. : (+41) 021 312 17 17
lausanne@editionsfavre.com
www.editionsfavre.com

**Groupe Libella**

Dépôt légal en mai 2024.


Mise en pages couverture : Charlotte Annoni de Rufz
Mise en pages : Lemuri-Concept

ISBN : 978-2-8289-2147-7



Les Éditions Favre bénéficient d'un soutien structurel
de l'Office fédéral de la culture pour les années 2021-2024.

Coline de Senarclens

# Porno, parlons-en !

*Comprendre pour dialoguer sereinement avec nos enfants*

FAVRE

# Sommaire

# Préfaces

Rentrée scolaire 2023, dans une école de cycle secondaire en Valais. Des parents sont alertés par l'établissement que dans un groupe WhatsApp, 80 enfants et adolescents·es s'échangent du contenu haineux et pornographique. Des parents témoignent stupéfaits, impuissants. La machine médiatique s'emballe. Les articles alarmants sur le sexting et l'exposition des jeunes à la pornographie fleurissent. «On nous dit souvent de ne pas partager des contenus pornographiques ou des photos dénudées de nous ou d'une autre personne. Mais on pensait que l'on nous faisait la morale, pas que cela pouvait être illégal», raconte alors une adolescente. Cette actualité résume le contexte d'aujourd'hui: des parents dépassés par l'impact du numérique, des enfants et des adolescents·es qui n'ont pas l'éducation, et numérique et sexuelle, suffisante pour prendre la mesure des conséquences de leurs actes.

L'exemple est anecdotique, mais il traduit une époque. Face à la pornographie, les parents qui appellent le Conseils aux parents de Pro Juventute cèdent souvent à la panique ambiante. Une panique morale qui n'aide en rien, ni les parents ni les enfants. Cet ouvrage, par son titre provocateur et un contenu parfois déstabilisant, a la tâche laborieuse, dans le contexte actuel, de parler pornographie et de prodiguer des conseils utiles aux parents. Lorsque nous devenons parent, nous n'imaginons pas du tout ce que ce rôle est susceptible de nous amener à faire ou à dire. On n'y est d'ailleurs rarement préparé·e. La pornographie est un sujet parmi tant d'autres qui peut être discuté en famille, même s'il est gênant.

L'autrice décortique les raisons pour lesquelles ce sujet provoque tant de gêne chez les adultes et décrypte une morale paralysante. En tant que professionnelle, mais aussi maman, Coline de Senarclens aurait simplement pu s'informer davantage sur le sujet ou même prendre contact avec *Conseils aux parents* de Pro Juventute, gérer au mieux ses deux fils et s'arrêter là. Elle a été plus loin. Elle en a fait une chronique, puis un livre. Pourquoi ? Parce que le besoin d'en parler est là. Le besoin d'échanger de l'information entre les parents est plus que nécessaire, voire urgent. Savoir qu'entre parents on vit les mêmes choses est rassurant. Pro Juventute, en tant que fondation nationale pour les enfants et les jeunes, accompagne aussi les parents. Pour qu'un enfant se développe bien, qu'iel soit bien dans sa tête, devienne par la suite un·e adulte autonome et responsable, iel se doit de recevoir un cadre approprié de ses parents. La tâche quotidienne reste ardue.

C'est pourquoi Pro Juventute a accepté de participer à la préface de ce livre quand on nous l'a proposé. L'entrée dans la sexualité est une étape importante de l'adolescence. Le porno peut avoir un impact négatif sur cette étape. Il est nécessaire d'en parler, d'instaurer un dialogue et de reconnaître en tant que parents une réalité : oui, tôt ou tard mon enfant y sera confronté. Ce livre dit en substance : préparez-vous. Ainsi, que l'on soit d'accord ou pas avec les propos de l'autrice, c'est déjà une bonne chose de l'évoquer. Le livre propose et encourage une piste de réflexion parmi d'autres. Ensuite, selon leurs propres valeurs, leur propre culture, les parents peuvent adapter leur démarche en conséquence. C'est un fait, aujourd'hui, les enfants et les jeunes sont plus facilement exposés aux contenus et images pornographiques. L'accès n'est plus délimité dans un temps ou un espace défini, comme à l'époque de la VHS ou du magazine en kiosque. Avec les smartphones et autres objets connectés, les enfants et les adolescents·es ont un outil puissant entre leurs mains et peuvent y avoir accès en tout temps. Les parents doivent être conscients de cette réalité. L'éducation sexuelle comme l'éducation numérique sont donc plus que nécessaires et vont aujourd'hui ensemble. Il est essentiel d'apprendre aux enfants et aux jeunes à acquérir tôt des compétences numériques, comme de savoir ce que peut engendrer la publication de leurs photos publiées sur Internet et les réseaux sociaux.

La démarche de l'autrice d'ouvrir le dialogue entre les enfants et les parents sur ce sujet s'inscrit dans l'approche de Pro Juventute quant à la notion de parentalité, à savoir s'intéresser à son enfant, à son comportement, à créer un espace de dialogue et de confiance, et ce, pour n'importe quel sujet. Établir et nourrir un lien de qualité parent-enfant est le b.a.-ba. Lui dire simplement « si tu as besoin, je suis là ». Mais, là aussi, être présent·e à soi et pour l'autre est une tâche quotidienne ardue, pour les parents comme pour les jeunes. L'environnement actuel, une société qui pousse à la performance individuelle et à la compétition, influence les injonctions qui pèsent sur les enfants et les adolescents·es, à faire par eux/elles-mêmes, à gérer leurs émotions, leur emploi du temps, à devenir indépendants·es, à se débrouiller par eux/elles-mêmes. En face, des parents trop occupés, stressés et dépassés. Chacun dans sa solitude, chacun devant ses écrans le lien authentique de qualité apparaît compliqué.

Cet ouvrage propose une remise en question adressée aux parents : dans leur propre rapport à la pornographie, par rapport aux émotions et réactions que ce sujet provoque chez eux. Ce livre tend aussi à interroger les valeurs qu'ils souhaitent transmettre à leur enfant. Il bouscule comme un·e ado en pleine crise. Et, justement, en tant que parents, il est important d'avoir cette réflexion en amont, plutôt que d'attendre qu'elle survienne pour commencer à réfléchir, ou avant qu'il ne soit trop tard. Car le/la jeune se construit en allant à l'encontre des valeurs transmises, en les questionnant et en tentant de les dépasser. C'est un processus d'autonomie normal.

Dans le dialogue, le/la jeune peut poser ses limites et développer son propre jardin secret, son intimité. Iel va rechercher sa propre définition pour devenir l'adulte qu'iel a besoin d'être. Le porno peut être un moyen pour parler à un·e jeune de son entrée dans la sexualité. Comme le souligne l'autrice: «Vous savez mieux que quiconque ce que vous pouvez dire à vos enfants et comment, en fonction de leur âge, de leur sensibilité et du moment qu'ils ou elles traversent.» À l'adolescence, on a besoin de se construire à l'encontre de ses parents. Peut-être qu'un discours libéral sur la pornographie provoquera à l'inverse une réaction très conservatrice. Mais le dialogue et la relation à l'autre restent essentiels, dans une période aussi vulnérable que l'adolescence. Reprendre confiance et retrouver «du pouvoir d'agir».

La pornographie et l'accès à ces images dans le monde numérique est un problème quand on l'ignore, on le dramatise, on en fait un tabou. Les faits parlent d'eux-mêmes. Selon la dernière étude JAMES qui cartographie l'utilisation des médias par les jeunes en Suisse, pas moins de 19 % des 12/13 ans ont déjà regardé des films pornographiques sur leur téléphone portable ou leur ordinateur. Ce chiffre grimpe même à 44 % chez les 14/15 ans. Enfin, dans les groupes d'âge des 16/17 ans et des 18/19 ans, la majorité des jeunes interrogés ont déjà vu des films pornographiques. Ainsi, tôt ou tard, l'enfant ou le/la jeune tombe sur des contenus pornographiques. Ils peuvent perturber les enfants et les jeunes et leur donner une fausse image de la sexualité. Aux parents de se responsabiliser dans un rôle de référents, d'en parler, et ce, pour mieux protéger l'enfant. En décortiquant toutes les représentations culturelles qui se retrouvent dans le porno, Coline de Senarclens offre des clés de lecture pour renforcer le sens critique.

À l'heure des réseaux sociaux, du *scrolling* et des algorithmes, le sens critique demeure essentiel. Toujours selon l'étude JAMES, notre jeunesse est la première génération où sa vie numérique a des impacts sur sa vie réelle, et vice versa. On le voit avec le sexting, la frontière entre le réel et le digital est mince. Le relationnel continue dans le virtuel. Il est important d'accompagner leur sens critique et qu'ils ou elles soient en mesure de faire une différence entre une fiction pornographique et leur sexualité. La pornographie et son usage ont des répercussions sur l'estime de soi, la confiance en soi et le rapport à son corps. L'accès de ces contenus sur le téléphone portable comme sur Internet amplifie possiblement une vulnérabilité. Cette génération a désormais entre ses mains un outil numérique qui offre une plus grande accessibilité à une panoplie de pornographies différentes que la génération précédente. Les usages ont complètement changé. C'est aux parents de s'en rendre compte, de se renseigner, d'y réfléchir et de prévenir l'impact néfaste et d'ouvrir le dialogue.

Cet ouvrage est aussi un guide pour les parents. Si la démarche du dialogue s'inscrit dans l'approche de Pro Juventute, le guide reste, lui, une posture, une proposition qui ne convient pas à tout le monde. Pro Juventute donne également d'autres conseils. Certains sont similaires au guide et d'autres s'avèrent différents. On retiendra que ce livre est aussi utile aux enfants et aux jeunes. Garder son calme, dédramatiser, préserver leur estime de soi, les informer et leur expliquer que leur corps leur appartient et qu'ielles ont le droit de dire stop à n'importe qui, à n'importe quel moment et dans n'importe quelle situation, et qu'ielles doivent entendre les limites de l'autre, c'est les éduquer à se respecter maintenant et pour toute leur vie.

Anne-Florence Débois<br>
Responsable médias et politique Pro Juventute Suisse romande<br>
www.projuventute.ch/fr

## L'éducation : une réponse indispensable de notre société à un monde numérique et sexualisé

L'éducation à la sexualité se déroule principalement dans les familles et entre pairs, puis de plus en plus sur les réseaux et Internet. Dans l'enfance, les parents et les personnes de référence jouent un rôle central dans la transmission des valeurs au sujet de l'intimité, des relations affectives, des rôles de genre et des limites entre « ce qui se fait » et « ce qui ne se fait pas » dans les lieux privés et publics. Les enquêtes le montrent : les familles éduquent peu explicitement à la sexualité, mais transmettent des valeurs qui nous construisent. Pour s'en rendre compte, il suffit de réfléchir aux représentations que nous avons retenues de notre enfance au sujet de l'éducation sexuelle reçue et par exemple autour de l'évocation des mots « amour », « sexe », « plaisir », « tabou », « règles ».

En abordant la thématique de la pornographie dans l'éducation sexuelle familiale et informelle, on ajoute une couche de complexité au travail pédagogique des personnes qui se seraient lancées dans une éducation sexuelle aux enfants. Parler de sexualité au sens large est déjà une tâche ardue pour nombre d'adultes, car elle exige de sortir de sa zone de confort et de parler d'un sujet privé et intime ; alors informer et converser autour de la pornographie relève du défi !

À ce titre, l'organisation que je représente – SANTÉ SEXUELLE SUISSE (SSCH) – promeut une éducation sexuelle holistique, positive et inclusive, à tous les âges de la vie, dans un cadre formel et informel. Cette éducation aborde la sexualité en termes de savoirs scientifiques, compétences psychosociales et droits humains en fonction de l'âge de l'enfant et de son développement pour lui apprendre les droits et devoirs de toute personne adulte en devenir. Elle discute aussi de la sexualité comme une thématique de société, en travaillant sur les représentations sociales auxquelles sont exposés les enfants, notamment par les médias et Internet. À ce sujet, la pornographie est un phénomène qui ne peut être occulté. En effet, les enfants et les jeunes vivent dans un monde où la sexualité – ou plutôt le sexe – est omniprésent et dans lequel les parents, les personnes de référence et l'école s'efforcent, à leur manière, d'expliquer aux plus jeunes la présence de la sexualité.

La pornographie est un objet de consommation produit par des « adultes » destiné à des « adultes » mais également un sujet de société qui « s'invite » dans le monde des enfants, ainsi qu'une aubaine pour le public (pré)adolescent qui découvre la sexualité d'adulte. La pornographie est aussi un objet social qui est le reflet de nombreuses facettes de notre monde. Il est dès lors indispensable que les adultes qui entourent les enfants et les jeunes se questionnent sur comment leur en parler et leur donnent des outils pour décrypter cet objet social, ceci bien entendu en tenant compte du stade de développement des enfants et des jeunes.

Dans ce contexte, ce livre répond à une demande importante d'une partie de la population empruntée par ce paradoxe : être à la fois dans la gêne voire la honte de son propre comportement d'adulte par rapport à la sexualité et la pornographie, et en même temps être adulte de référence souhaitant donner des informations et des outils aux enfants et aux jeunes sur ce sujet sociétal et de plaisir. Cet ouvrage a donc le grand mérite de suggérer un certain nombre de pistes de réflexion et de pédagogie au public parental et éducatif, et ainsi offrir la possibilité de se préparer à l'éducation aux médias et à l'éducation sexuelle qui sont devenues indissociables et indispensables dans notre monde numérique et sexualisé. En optant pour une approche positive de la sexualité et en mettant au centre le droit à l'éducation et à l'autodétermination, la lecture de ce livre vous permettra de développer vos propres idées sur l'éducation sexuelle pour les enfants et les jeunes et comment la concrétiser.

Caroline Jacot-Descombes
Directrice adjointe et Cheffe de projet Education sexuelle (SSCH)
www.sante-sexuelle.ch

# Avant-propos

## *Parlons-en !*

Pas une semaine sans qu'un article paraisse ou qu'une émission mentionne les chiffres en augmentation de la consommation de pornographie chez les jeunes. Ces chiffres, très inquiétants, sont généralement assortis de déclarations sur les effets désastreux que le porno ferait courir à la jeunesse. Addiction, pression à la performance, attentes irréalistes ou méconnaissance de la sexualité, sexisme et violence… Les jeunes courent de graves dangers, face à une situation sur laquelle nous n'aurions aucune prise. Impossible de les empêcher de consulter ces sites, impossible pour les politiques de bloquer ces sites : impossible de faire quoi que ce soit. Grave danger + incapacité d'agir = panique. Et, de fait, si l'on en croit ces médias, on va droit à la catastrophe.

De nombreux parents sont terrifiés à l'idée que leurs enfants regardent du porno, et ne savent pas quoi faire. C'est normal. L'ambiance est, en effet, à la panique. Une panique morale et sanitaire qui nous prive de ce dont on devrait disposer en tant qu'adulte, de la rationalité. Face à ces inquiétudes que j'observe depuis longtemps, j'ai un jour proposé, lors d'une émission de radio, de promouvoir une « éducation au porno ». En face de moi, les réactions étaient à la fois très intéressées et extrêmement sceptiques : Quoi ? Éduquer au porno ? Mais comment ? Et à quel âge ? Avec quels mots ? Et qu'est-ce qu'il faudrait leur dire ?

J'ai alors écrit une chronique[1] sous la forme d'une « lettre à mon fils à propos du porno », qui a rencontré beaucoup de succès : cela répondait à un vrai besoin. J'ai donc proposé aux Éditions Favre de travailler sur ce guide. Un guide qui favorise la conversation avec ses enfants à propos du porno et qui mette le porno en perspective. C'est qu'il y a beaucoup à dire sur un domaine que les gens connaissent peu et sur lequel il est difficile d'échanger des informations. La panique morale, l'alarmisme et l'idée selon laquelle « c'est grave, mais on ne peut rien faire », nous empêchent d'en parler et d'y réfléchir de manière rationnelle, non pas avec nos émotions, mais avec nos connaissances.

Ce livre est un guide pratique. Mais pour permettre de rendre tout ça pratique, il faut déconstruire quelques idées reçues, soulever un peu la vase produite par l'ambiance médiatique très anxiogène sur le sujet. Je m'y essaie donc : proposer des outils conceptuels et en faire des outils pratiques. Car en calmant un peu la panique, en réfléchissant sur ce thème, on accède à sa capacité d'agir. On se rend compte, en tant que parents, de son pouvoir d'agir.

Ce livre étant un guide, rendez-vous aux pages qui vous intéressent, lisez ce que vous souhaitez approfondir. Il n'y a pas besoin de tout lire pour vous en servir, et vous pouvez choisir ce qui vous est utile. Ce livre est là pour vous et à votre service. Adaptez-le à vos questionnements, appropriez-vous cette matière, rendez-la vôtre selon vos valeurs, votre éducation et les besoins de votre famille.

## *Un sujet « genre », mais pas seulement*

J'ai décidé, pour ce texte, d'opter au maximum pour une écriture inclusive. C'est une science en développement et on essuie les plâtres. Quand c'est possible, j'évite la binarité. Parfois, c'est compliqué, car il est souvent question de « filles » et de « garçons », de « femmes » et d'« hommes ». En effet, s'agissant de porno, l'identité et les marqueurs de genre sont des éléments

1. *Les beaux parleurs*, le billet de Coline de Senarclens, « L'accompagnement au porno pour les enfants », Play RTS, 5 mars 2023.

fondamentaux. C'est qu'au-delà du sexe biologique – le genre n'est pas une catégorie biologique, mais bien une catégorie sociale –, la matérialité des expériences des «filles» et de celles des «garçons» en fait des catégories à reconnaître, notamment pour leur permettre d'être déconstruites. Être «filles», qu'elles soient assignées filles à la naissance ou qu'elles aient transitionné vers ce genre, c'est faire partie d'un groupe qui subit des oppressions, des pressions et des questionnements spécifiques. Il en va de même pour le groupe «garçons», surtout quand on parle de porno, un élément important de la construction identitaire à l'adolescence. Je m'excuse ici auprès des personnes non binaires, *genderfluid* ou agenres, et j'espère qu'elles pourront piocher dans ces catégories selon leurs propres vécus.

Le porno est, dans sa majorité, hétéronormatif, et quand les jeunes en discutent, c'est souvent dans une démonstration d'hétérosexualité. Le porno est également raciste, il classe, en particulier, les actrices, mais également les acteurs, selon leurs différences raciales lorsqu'elles ne sont pas reconnues comme blanches. Il est validiste et classiste. Il met en scène les rapports de pouvoir, en fait des sex-toys. À ce titre, le porno ne se différencie pas beaucoup de l'ensemble de notre production culturelle et de la société en général. Et puis, c'est aussi notre appréciation du porno et de ses dangers qui se trouve être sexiste, raciste et classiste. On se fait peu de soucis pour les jeunes garçons issus des élites: ils ont toujours eu à leur disposition un marché du sexe leur permettant d'être initiés à la sexualité. Le souci, ce sont les garçons pauvres, des banlieues, racisés, qui n'auraient pas les codes pour le comprendre. Et les filles qui subissent des violences à cause de ça. Ce qui inquiète, c'est la consommation de porno de *l'autre*.

## *Une approche féministe et sexe-positive de l'éducation sexuelle*

J'aborde la question du porno à travers une approche féministe et sexe-positive de l'éducation sexuelle. À l'instar des institutions qui œuvrent en matière de santé sexuelle, je crois que la sexualité est un lieu important de la santé physique et psychologique, qui mérite qu'on s'y intéresse et qu'on donne à chacun·e accès à des savoirs et des soins. Je pense que les oppressions fondées sur certaines méconnaissances en ce qui concerne la sexualité sont réelles. Elles englobent les violences sexuelles, notamment sur les enfants, les discriminations envers les « minorités » sexuelles (les personnes LGBTIQ+ aussi bien que celles qui ne se reconnaissent pas dans une sexualité pénétrative « traditionnelle ») ainsi que toutes les normes contraignantes qui appauvrissent nos sexualités ou nous les font mal vivre à cause de la culpabilité ou de la honte.

L'éducation est essentielle pour donner aux enfants et aux jeunes les informations dont ils/elles ont besoin pour déchiffrer ce qu'il se passe en elleux et dans le monde, de manière adaptée à leur âge et à leurs besoins. Elle est fondamentale pour éviter les abus et leur faire comprendre la notion de consentement, éviter les grossesses non désirées et les IST dès l'adolescence et pour les aider à développer une bonne santé sexuelle. Il s'agit d'une instruction de base dont tous les enfants doivent bénéficier. Ainsi sont voulus l'école et le système éducatif: lutter contre les inégalités en permettant à tou·te·s d'avoir accès à une instruction de qualité.

## Éducation sexuelle, éducation au numérique, éducation à la culture

Aujourd'hui, les jeunes ont la possibilité d'accéder sans limite à de la pornographie gratuite et souvent de mauvaise qualité sur Internet. On le sait, la réception de ces images dépend de l'âge, du contexte, du niveau d'information et de la capacité des jeunes à faire la différence entre fiction et réalité. Une éducation, dont l'objectif est de viser la réduction des risques en matière d'impact négatif que pourrait avoir la pornographie, doit inclure une éducation sexuelle de qualité, une éducation au fait numérique et une éducation culturelle. C'est ainsi que les jeunes peuvent développer les outils qui leur permettront de comprendre ce qui se joue derrière les images pornographiques qu'ielles pourraient être amené·e·s à voir, de manière inopinée ou volontaire, et ce, quel que soit leur âge. C'est ainsi qu'ielles développent leur pouvoir d'agir. Il nous appartient, en tant que parents, de jouer ce rôle fondamental dans l'éducation de nos enfants.

Dans cet ouvrage, je différencie deux groupes. D'une part, les enfants prépubères dont la sexualité est « principalement non génitale, axée sur l'exploration du corps, la curiosité, la recherche de sensations agréables et la construction de l'identité de genre[2] », d'autre part, les « jeunes » dès la puberté, dont la sexualité est « davantage motivée par le désir, le plaisir génital et la recherche d'intimité avec le partenaire amoureux[3] ». Une éducation à la sexualité devrait prendre place dès la prime enfance. Elle se décline et s'adapte en fonction des besoins et des étapes de la vie.

Afin d'écrire ce guide, j'ai consulté nombre de professionnel·le·s de la santé sexuelle, de la sexologie, de la pédopsychiatrie. J'ai mené une longue recherche, lu de nombreux articles et ouvrages sur le sujet. Les positions sur le porno et ses potentiels effets sont loin d'être unanimes. Ce qui fait en revanche l'objet d'un consensus, c'est le fait que les jeunes en regardent et que les ressources dont ielles disposent – informations, éducation, littérature, professionnel·le·s, membres de la famille… – comptent pour beaucoup. Les inquiétudes des parents, qu'elles soient avérées ou exagérées, sont légitimes et méritent qu'on leur apporte soutien et information : c'est l'ambition de ce livre.

---

2. Marie-Aude Boislard, sous la direction de Michel Claes et Lyda Lannegrand-Willems, *La Psychologie de l'adolescence*, chapitre 5 « La sexualité », éd. Presses de l'Université de Montréal, 2018, pp. 129-154.
3. *Op. cit.*

# Chapitre premier

# Introduction

## Intention

Il y a quelque temps, j'étais avec deux amies qui ont des enfants de l'âge du mien (entre 10 et 12 ans) et nous avons eu une conversation qui m'a beaucoup interrogée. Elles avaient peur que leur enfant voie du porno alors que j'étais inquiète à l'idée que mon enfant voie des films d'horreur. Elles craignaient que leur enfant soit traumatisé ou marqué durablement par du X et j'avais peur que mon enfant le soit par des films qui mettent en scène de la violence et de la torture.

La raison est en fait assez simple. Quand j'étais petite, je suis tombée à plusieurs reprises sur des contenus pornographiques (journaux, vidéos, bandes dessinées...) et cela ne m'a absolument pas traumatisée. Au contraire, cela m'a intriguée, et je dois le dire, stimulée sexuellement de manière positive à long terme. A contrario, je suis tombée sur des scènes de films d'épouvante qui m'ont réellement traumatisée et j'en suis encore marquée très négativement aujourd'hui.

Ce que j'ai vu dans le porno ne m'a pas dérangée, car les gens qui jouaient avaient l'air très heureux. Ielles montraient du plaisir et de l'amusement, dans une mise en scène à des fins communicatives. Tout l'inverse, à mes yeux d'enfant, des films d'horreur qui donnaient à voir des violences, des viols ou de la torture, et dont les personnages exprimaient de la souffrance et de la peur. Encore aujourd'hui, j'ai beaucoup de mal avec des films d'horreur qui « passent crème » auprès de la majorité des gens et je peux faire des nuits blanches en y repensant.

Mes deux amies, elles, ont mis une distance avec les films, notamment parce qu'elles sont des habituées du cinéma et ont développé un sens critique. Leur rapport à la fiction, même violente, est détaché. Elles savent lire entre les lignes. En revanche, elles ne connaissent pas grand-chose au porno. Moi, c'est le contraire. Je suis spécialiste des questions de genre et des sexualités et très intéressée par les *Porn Studies* alors que je ne connais pas grand-chose au cinéma (non pornographique).

Nos subjectivités sont différentes, nos outils aussi. Cela influence notre regard sur les genres. Ce constat m'a motivée à écrire ce livre. Son but, offrir des moyens pratiques et conceptuels, afin de comprendre ce qui se joue dans le porno, se rassurer, se donner le pouvoir d'agir et rendre la discussion possible avec les enfants et les ados. J'espère qu'il pourra aider mes amies à aborder cette thématique de manière plus sereine, avec elles-mêmes et avec leur enfant.

## Éducation sexuelle

L'éducation sexuelle s'inscrit dans le parcours scolaire et les institutions doivent informer les enfants sur un certain nombre de points liés à la santé sexuelle et reproductive. Dans ce cadre, la question du porno est abordée avec les jeunes par des professionnel·le·s. Cependant, les faibles moyens dont disposent les éducateur·rice·s spécialisé·e·s et les réactions très violentes de certains milieux vis-à-vis de l'éducation sexuelle en général rendent le sujet difficile à présenter. Le résultat est que les enfants et les jeunes ne bénéficient pas d'une éducation à ce média particulier qu'est le porno et que, par conséquent, ielles doivent souvent se débrouiller avec ça entre pairs ou seul·e.

D'autres institutions s'emparent parfois de la question. Par exemple, Prévention Suisse de la Criminalité, la conférence suisse des départements de justice et police, a récemment tenté de s'adresser aux jeunes à propos du porno dans une vidéo de sensibilisation. Malheureusement, cette vidéo passe totalement à côté de sa cible en condamnant sans nuance l'usage du porno en stigmatisant les jeunes pour l'intérêt qu'ielles y portent[4]. Elle est symptomatique de la difficulté des institutions à traiter de la question de la sexualité en général et de la pornographie en particulier quand elles s'adressent aux jeunes, et à favoriser un climat de confiance et de dialogue.

Cette lacune institutionnelle a pour conséquence qu'il appartient principalement aux parents et aux proches de discuter de pornographie avec leurs enfants s'ils veulent éviter qu'ielles se retrouvent seul·e·s face à cette question. Et à en croire nombre d'entre elleux, il n'est pas facile d'en venir à ce sujet. Ce livre a pour objectif de les y aider.

Soyons optimistes. Il est compliqué d'aborder la question, mais cela n'est pas impossible : nous, parents et adultes, avons plus de pouvoir d'agir que ne le laissent penser les discours très anxiogènes qui monopolisent quelque peu le débat. Le sujet est moins bouillant qu'il n'y paraît de prime abord et nos enfants sont plus ouverts et plus critiques qu'on pourrait le penser. La discussion reste possible et souhaitable. Pour essayer de faciliter les choses, les premiers chapitres de ce livre décortiqueront ce qu'est la pornographie, un sujet complexe qu'on connaît souvent mal, mais qui véhicule une lourde charge morale et des croyances très ancrées. Amener de la lumière sur ce sujet permet de lutter contre les angoisses et les peurs légitimes qu'il provoque. Ensuite, nous évoquerons les pistes de discussion autour du porno, des médias, du numérique et de la sexualité à partir desquels la pornographie est une porte d'entrée ; et donc, d'une certaine manière, une opportunité. Nous traiterons des thèmes concrets, accompagnés de propositions et des exemples, adaptés à tous les âges.

Vous savez mieux que quiconque ce que vous pouvez dire à vos enfants et comment, en fonction de leur âge, de leur sensibilité et du moment qu'ielles traversent. Vous pouvez aussi

4. On peut être pour ou contre le porno, mais stigmatiser et culpabiliser n'a jamais eu d'effet positif sur le développement des enfants et des jeunes, notamment en matière de sexualité. Cela est simplement inefficace, rompt le lien de confiance et renvoie les jeunes à une image négative de la sexualité qu'ielles sont en train de découvrir et dans laquelle nous avons toutes les peines du monde à les accompagner. Cela est notre aveu d'échec, mais peut avoir de graves répercussions sur leur développement affectif et sexuel et leur estime d'elleux-mêmes.

déléguer cette discussion à une tierce personne de confiance si vous ne vous sentez pas à l'aise, cela vous appartient. N'oubliez pas que vous êtes des acteur·rice·s compétent·e·s de l'éducation de vos enfants, y compris dans ce champ, et que vous n'êtes pas dépourvus de moyens. Vous avez, répétons-le, le pouvoir d'agir et c'est un sujet que vous pouvez vous approprier. Nous verrons comment.

Un guide ayant pour but d'accompagner les parents à aborder la pornographie avec leurs enfants s'inscrit dans un ensemble de dispositifs, notamment une éducation sexuelle et affective, une éducation aux médias (numériques), une éducation au consentement et une éducation à l'égalité (contre le sexisme, le racisme, le harcèlement...). C'est à travers une approche holistique et transversale que nous serons à même de les aider à naviguer avec ce média, la sexualité, les rapports sociaux... Les professionnel·le·s de la santé sexuelle que j'ai consulté·e·s s'expriment en faveur d'un soutien à la parentalité sur cette question, et c'est une motivation supplémentaire à la rédaction de cet ouvrage.

Je ne me fais pas d'illusions. Un livre ne suffira pas pour permettre à tous les parents de s'empoigner de la question. J'espère cependant aider celles et ceux qui ne savent pas comment s'y prendre, qui sont perdu·e·s ou qui ont peur. Nous vivons une période dans laquelle nous nous sentons parfois complètement désarmé·e·s face aux nouvelles technologies et à la jeunesse. Mais il n'existe pas de périodes au cours desquelles les adultes n'ont pas exprimé de telles inquiétudes vis-à-vis des générations suivantes. Ce qui se passe aujourd'hui est peut-être une opportunité pour réussir là où les générations passées ont échoué. Arrêtez de peindre le diable sur la muraille et de penser qu'il n'y a plus de jeunesse, mais échangez, discutez de manière horizontale, avec confiance, ouverture et en prêtant aux jeunes et à vous-mêmes de la capacité d'agir.

## Du pouvoir d'agir

Il est compliqué d'écrire un guide qui semble prendre autant le contre-pied des discours dominants sur la pornographie et les jeunes. Le but ici est de lutter contre la panique qui nous prive de notre capacité d'agir et de notre rationalité. Mais le simple fait de dire « pas de panique » vis-à-vis du porno apparaît déjà à certain·e·s comme un encouragement à en regarder ou à une validation univoque de tous les contenus pornos. Non, dire « pas de panique », c'est dire « regardons vraiment ce qu'il se passe, regardons où sont les problèmes et parlons-en sereinement ». C'est dire « ne vous inquiétez pas, vous avez le pouvoir d'agir ».

La tendance semble à la panique et à la condamnation de tous les discours non alarmistes. Il est rare d'entendre des propos neutres sur le porno et, a fortiori, des échos positifs. On approche le porno comme une source de problèmes et de dangers, particulièrement pour la jeunesse dont la consommation en augmentation inquiète des adultes démunis. Perçu comme un problème social plutôt que comme un objet culturel, on appréhende le porno *hors du monde*, comme un vice, une pathologie ou un stupéfiant. Depuis que j'ai commencé à travailler sur ce livre, de nombreuses recherches sur Internet m'ont amenée à consulter des articles de presse unanimement alarmistes sur les conséquences du porno, et qui vont parfois très loin. Il m'a fallu tenir bon et questionner des professionnel·le·s de la santé sexuelle, lire des sociologues et d'autres scientifiques qui prennent le contrepied de ces discours pour me sentir légitime de continuer. Mais il n'est pas un jour sans qu'un article, une conversation ou une vidéo me ramènent à me penser comme un OVNI du fait de ma position sur le sujet.

Et puis, il suffit d'ouvrir Pornhub pour constater assez rapidement que le porno est de très mauvaise qualité, souvent sexiste et viriliste, et sa diffusion est un business qu'il est difficile de cautionner. Ainsi, se tenir sur une ligne claire vis-à-vis du porno s'avère délicat et tient parfois de l'équilibrisme. En effet, face à la majorité du porno disponible aujourd'hui, il est tentant – et beaucoup le font – de préférer jeter le bébé avec l'eau du bain. Le porno est mauvais et sexiste, condamnons le porno. Mais cela n'est naturellement pas satisfaisant pour quiconque cherche à aller un peu plus en profondeur qu'un article sensationnaliste sur la question. Oui, le porno dans sa globalité est médiocre et son modèle économique problématique, mais une fois que cela est dit, qu'est-ce qu'on en fait ?

Le débat ici n'est pas de déclarer : le porno « c'est bien » ou « c'est mal ». Simplement, on constate qu'on en consomme, et ce, dès qu'on s'intéresse à la sexualité, c'est-à-dire dès l'adolescence. L'objectif est de mettre le holà à une panique morale qui condamne sans nuance et de manière anxiogène l'usage du porno, en particulier chez les jeunes, mais qui crée un écran de fumée empêchant de s'outiller pour faire face aux problèmes présents aussi bien dans le porno que dans le reste de la production culturelle et artistique : le sexisme, la culture du viol, les scripts et les schémas, les rôles modèles... L'enjeu est de créer une discussion sur notre rapport global au genre, à la sexualité et à la culture notamment numérique afin d'armer les jeunes pour qu'ils développent une santé sexuelle et psychologique de qualité, sans condescendance, axée sur des données scientifiques et des expertises professionnelles et non sur nos émotions et nos peurs, voire sur des agendas politiques.

Une forte panique morale est à l'œuvre quand on parle de pornographie. Cela permet d'en faire une figure repoussoir qui serait la cause de tous les problèmes. Ce que je souhaite, c'est parler du porno en dehors de cette panique, afin de voir où sont les problèmes et discuter de ces derniers plutôt que de la légitimité du porno en lui-même. Peu de gens sont pour l'interdiction du porno[5], la censure n'est pas à l'ordre du jour. On ne souhaite pas d'un monde sans porno. Les gouvernements n'agissent que très timidement pour tenter d'empêcher sa diffusion. Pourtant, la stigmatisation est forte envers la production de pornographie et les pressions fragilisent ce monde hétérogène sans que personne le défende. C'est notre paradoxe : laisser faire, marginaliser et se plaindre de la qualité médiocre et de ses supposés effets sans étayer nos propos scientifiquement. Si le porno pose autant de problèmes qu'on le dit, alors c'est une raison supplémentaire pour prendre le porno au sérieux, comme sujet et comme industrie. Mais on ne peut pas en même temps déplorer « les effets dévastateurs du porno » ainsi que sa consommation et

5. Milton Diamond, "Pornography, Public Acceptance and Sex Related Crime: A Review", *International Journal of Law and Psychiatry* 32, n° 5 (septembre 2009), p. 311.

faire l'économie d'une éducation sexuelle de qualité, de travaux sur le sujet qui dépassent les titres à sensation et de politiques cohérentes (notamment culturelles).

L'ambiance actuelle autour du porno, notamment vis-à-vis des jeunes, n'est pas propice au pouvoir d'agir. Or, nous avons le pouvoir d'agir[6]. En tant que parents, en tant que collectivité, en tant que système politique. L'objectif de ce guide est de le rendre, de se le réapproprier.

En gros, parlons de porno, et parlons-en bien, avec nos connaissances et les sciences. Ne restons pas à la surface. Essayons de nous détacher de nos présupposés et de l'idée que « le porno, c'est mal ». Allons à l'os de ce que c'est, questionnons les usages, approchons l'objet avec nos outils critiques. C'est ainsi qu'on pourra faire face à cette réalité ; les jeunes, comme le reste du monde, consomment du porno.

## Pas de panique

La pornographie joue un rôle de figure repoussoir. Une partie importante de la population en consomme – plus ou moins régulièrement –, mais personne n'évoque sa consommation. Si l'on parle de porno, c'est généralement pour en dire du mal, pour s'en distancer. C'est que le porno cristallise un certain nombre de tabous.

### *Sexualité, mère de tous les tabous*

Je ne vais pas m'attarder sur ce point tant il est évident que notre société et ses membres ont encore de grandes difficultés à avoir une conversation ouverte et franche sur cette question pourtant si légitime. La sexualité est essentielle à notre qualité de vie, à notre santé et notre épanouissement[7], pourtant il reste

6. Anne Cordier, *Grandir informés : les pratiques informationnelles des enfants, adolescents et jeunes adultes*, Caen, C&F Éditions, 2023, p. 64.

7. La sexualité ne revêt pas la même importance pour chacun·e et certaines personnes sont dépourvues de désir sexuel et s'en portent très bien. Il s'agit néanmoins pour chacun·e d'entre nous d'avoir la vie sexuelle qui lui convient au-delà des normes et de pouvoir assumer ses (non-)désirs sans honte, du moment que c'est dans le cadre de relations consenties.

difficile d'en parler, avec sa famille, ses ami·e·s, ses thérapeutes et médecins et même avec ses partenaires. Ce tabou entraîne beaucoup de méconnaissances – de soi, des autres et de la sexualité elle-même – et participe aux idées reçues et à la panique morale tout en influençant considérablement notre regard sur le porno. Notre compréhension du porno est largement influencée par les tabous et les normes implicites autour de la sexualité.

### *La masturbation*

Les usages de la pornographie ne sont pas homogènes. Le porno est néanmoins indéniablement un support masturbatoire. Or, cette partie fondamentale de notre sexualité qu'est la masturbation porte un lourd héritage moral et médical qui la condamne encore aujourd'hui, pour une partie de la population, particulièrement quand il s'agit des femmes. Par exemple, la brochure éditée par la très reconnue et officielle fondation Santé Sexuelle Suisse, *Hey You*[8], a fait l'objet d'une attaque pénale en 2022 parce qu'elle informe les jeunes sur la masturbation et notamment sur l'existence des sex-toys[9]. Ce guide, produit d'un large consensus de la part des professionnel·le·s de l'éducation sexuelle, est qualifié de « guide porno » par ses opposant·e·s. Bien que le ministère public ait jugé l'accusation « absurde et aberrante », c'est une réaction émotionnelle qui montre que la question de la masturbation est encore très sensible.

La sexualité n'est pas qu'un « rapport à l'autre » et la masturbation en est une partie intégrante. Malgré cela, c'est une idée encore largement répandue qu'une sexualité légitime doit avoir lieu au sein du couple (marié et amoureux si possible, en particulier pour les femmes) et que le sexe se pratique à deux. La masturbation est reléguée au rang de pis-aller, de dernier recours pour les personnes n'ayant pas de partenaire·s sexuel·le·s, voire

---

8. https://www.initiative-de-protection.ch/un-guide-porno-pour-jeunes-des-12-ans-les-responsables-doivent-rendre-des-comptes/
9. L'accusation portait sur l'article 187 du Code pénal : « actes d'ordre sexuel avec des enfants ».

une forme de perversion[10]. Cela participe à tendre la discussion autour du porno, car en regarder et se masturber ne serait pas de la « vraie sexualité ». Pourtant, la masturbation est à la fois une forme légitime, entière et normale de notre sexualité, très utile pour connaître son corps et sa manière de fonctionner sexuellement. Il est intéressant d'aborder les choses de cette manière, notamment pour lutter contre la honte, qui, nous le verrons, est problématique quand on parle de la découverte de la sexualité et de son corps et du rapport des jeunes au porno.

## *Fantasmes et réalité*

La pornographie est une mise en scène de fantasmes sexuels. S'il est très discutable que la pornographie *mainstream* représente les fantasmes[11] de chacun·e – en particulier des femmes et des personnes LGBTIQ+ –, elle a néanmoins pour objectif de montrer ce que les consommateurs et consommatrices considèrent comme excitant sexuellement. Or, il est très important, quand on l'évoque, de distinguer les fantasmes des désirs. Par exemple, les situations de contrainte peuvent stimuler l'imaginaire de nombre de personnes qui ne sont pour autant nullement excitées à l'idée de violer ou d'être victimes de violences sexuelles. Il y a, d'une part, la sexualité imaginaire et, d'autre part, la sexualité active : on ne fait pas « en vrai » ce qui nous traverse l'esprit. Cela est tout à fait normal, et n'a rien de problématique[12].

Le porno met en scène les fantasmes. Il est essentiel de comprendre que ce qui est joué dans le porno n'a pas pour vocation d'être pratiqué dans la réalité, ce à quoi le porno ne prétend d'ailleurs pas. Si l'on pense que le porno met en scène ce que les

10. Au XIXe en Europe, on considérait toute activité sexuelle non reproductive comme *perverse*. La masturbation y figurait donc en bonne place.

11. Fantasmes qui sont de toute manière différents d'une personne à l'autre.

12. « Le rôle dominant/dominé est souvent un puissant moteur d'excitation, précise Francesco Bianchi-Demicheli, et cette recherche est bien sûr indépendante de l'envie d'être dominée dans la réalité. Parfois, ce qui nous excite peut partir d'une émotion pas toujours positive, la biologie peut expliquer ça, et pas forcément son propre vécu. » https://www.femina.ch/societe/sexo/enquete-pourquoi-les-femmes-regardent-elles-de-plus-en-plus-des-films-porno

gens souhaitent pratiquer, ou si l'on pense que les gens reproduisent ce qu'ielles voient dans le porno, cela inquiète, mais relève d'une confusion entre fantasme et sexualité active[13]. La pornographie relève de la mise en scène de l'imaginaire et non de nos pratiques, et les consommateur·rice·s de pornographie font très bien la différence[14] – comme nous faisons tou·te·s la différence entre Spiderman et la réalité ou comme nous savons bien que les lecteur·rice·s de thriller n'ont pas nécessairement envie d'aller tuer des gens dans la vraie vie parce qu'ielles lisent ça dans des livres.

Le fantasme et la réalité sont deux choses distinctes et la réalité présente des limites qui ne concernent pas la fiction ou la fantaisie, ce que comprennent fort bien les enfants dès le plus jeune âge. Les fantasmes sont légitimes. La mise en pratique de ces derniers ne l'est pas toujours. Cette distinction peut être apportée sans stigmatiser les fantasmes en eux-mêmes. Nous y reviendrons, mais si l'on souhaite outiller les jeunes vis-à-vis de cette distinction, il faut pouvoir se détacher du jugement moral et en discuter.

## *Déviance et logique d'oppression*

On pouvait lire en septembre 2023 dans la présentation d'un reportage sur la diffusion de la pornographie la « crainte que les contenus promus par ces sites fassent dévier la sexualité d'une population entière[15] ». La charge de cette phrase exprime de manière exemplaire les craintes liées à la pornographie, l'exagération et l'alarmisme médiatique et la façon dont les normes à propos de la sexualité sont mobilisées sur le ton de l'évidence pour exprimer le danger que le porno fait planer sur nous tou·te·s. Que veut dire « faire dévier la sexualité d'une population

---

13. Confusion bien normale dans une société qui peine à parler de sexualité et à éduquer même les adultes.
14. Yaëlle Amsellem-Mainguy et Arthur Vuattoux montrent grâce à leur enquête que les jeunes insistent eux-mêmes sur cette différence qu'ils constatent entre les scénarios qu'ils apprécient et leurs pratiques/désirs sexuels. Yaëlle Amsellem-Mainguy et Arthur Vuattoux, *Les Jeunes, la Sexualité et Internet*, Paris, éd. François Bourin, 2020, p. 75.
15. *Cash Investigation Porno, un business impitoyable*, France TV, septembre 2023.

tout entière» ? Dévier de quoi ? De quelles normes ? Qu'est-ce qu'une «sexualité déviée» ou «déviante» ? Et qu'est-ce que ça impliquerait ? Quelles sont les pratiques «acceptables» et quelles sont les pratiques jugées «déviantes» ? Et qu'est-ce que c'est que cette population tout entière ? On comprend en décortiquant ce genre de propos la charge liée aux pratiques sexuelles et à la pornographie en tant que «danger moral». Cela impose d'analyser tout cela de manière raisonnable afin de se calmer au sujet de cette soi-disant apocalypse pornographique.

Le problème principal de ce genre de considération sur la «déviance» du porno, c'est que ça met complètement de côté le fait que «les normes et les hiérarchies de genre qui organisent le porno hétéronormé sont aussi celles qui organisent les représentations hégémoniques de la sexualité hétéro[16]». Le problème du porno n'est pas qu'il fasse dévier des normes, c'est précisément qu'il réifie les normes de la sexualité génitale et pénétrative, l'une et l'autre rythmées par l'orgasme et l'éjaculation masculine, et qu'il invisibilise le clitoris et le plaisir féminin. Le problème du porno n'est pas qu'il nous fasse opter pour de nouvelles pratiques sexuelles, c'est plutôt qu'il ne le fasse pas ! Si une sexualité déviante est une sexualité qui ouvre les possibles en dehors des normes et des scripts sexuels prescrits par la morale et exagérés par la pornographie (génitale et pénétrative), vive la sexualité déviante !

Les tabous et les normes en matière de sexualité, liés à des valeurs morales édictant le «bien» et le «mal», ce qui est une «bonne sexualité» et une «mauvaise sexualité» constitue la base d'une logique d'oppression et agit comme telle. La «déviance» sexuelle repose sur l'idée qu'un comportement sexuel a plus de valeur qu'un autre. Le XX^e^ siècle est fortement marqué par cette volonté de contrôle de la population, notamment en matière de fécondité ; et donc, de sexualité. Les années 60 ont été jalonnées par des discours sur une sexualité trop libre et «déviante» des jeunes d'alors (qui ne sont plus celleux d'aujourd'hui), en particulier liées aux revendications féministes et aux mouvements

16. Florian Vörös, *Désirer comme un homme : enquête sur les fantasmes et les masculinités*, Paris, éd. La Découverte, 2020, p. 128.

gays et lesbiens. Et, bien sûr, de tout temps, c'est la sexualité des jeunes qui est dans le viseur de ces politiques de contrôle, en tant que population «fragile». Maintenir le contrôle sur la jeunesse est une porte d'entrée pour maintenir le contrôle sur la population en général. Et la pornographie cristallise ces ambitions politiques.

En Grande-Bretagne, par exemple, une liste de pratiques sexuelles jugées «violentes ou offensantes» ont été interdites en 2014 dans le porno produit dans le pays. Les fessées, l'urologie et les insultes sont notamment proscrites. Une autre pratique est interdite: l'éjaculation féminine – trop difficile à différencier de l'urologie pour les expert·e·s de la commission. On établit donc légalement que l'éjaculation féminine, seule expression visible de l'orgasme féminin et réponse naturelle de certaines femmes à l'orgasme, est «offensante». L'absurdité de ce point ne doit cependant pas cacher le fait que, ce faisant, la Grande-Bretagne s'invite dans la chambre à coucher de chacun·e de ses citoyen·ne·s en définissant (liste à l'appui) ce que sont une bonne et une mauvaise sexualités[17], sans considération pour le consentement et proscrivant au passage l'orgasme féminin quand il ne correspond pas aux normes de la décence.

En réalité, ce sont les normes en matière de sexualité qu'il convient de questionner. Elles créent des implicites qui ne facilitent pas les discussions sur le consentement (en estimant le rapport coïtal «normal»; et donc, prescrit, par exemple). Elles mettent largement de côté le plaisir féminin puisque la stimulation du clitoris est considérée comme des «préliminaires». Elles établissent des pratiques jugées acceptables (qu'il est difficile de remettre en question) et une liste de pratiques jugées «déviantes», sans envisager la question du consentement. Elles stigmatisent de nombreuses pratiques et créent du mal-être pour les personnes qui les apprécient et les pratiquent dans le cadre du

17. Erika Lust, "The new UK porn legislation will turn erotic film into boring, unrealistic male fantasy", *The Independent*, 2 décembre 2014, https://www.independent.co.uk/voices/comment/the-new-uk-porn-legislation-will-turn-erotic-film-into-boring-unrealistic-male-fantasy-9898052.html.

consentement mutuel et éclairé[18]. Et la liste n'est certainement pas exhaustive. Le fait que ces normes soient prescrites par une histoire morale, religieuse et médicale ou par le porno n'est pas la question. Le problème du porno est qu'il véhicule des normes, tout comme le reste de notre culture. « La sexualité en soi n'existe pas, elle s'acquiert, entre autres, par le biais des scénarios culturels[19] », des scénarios dont le porno est loin d'avoir l'exclusivité et qui sont présents dans l'ensemble de notre société.

La connaissance et la raison mènent à une capacité d'agir et à faire des choix, notamment en matière d'entrée dans la sexualité. Elles donnent confiance en soi et de l'assurance. Elles nous émancipent. Au contraire, la honte, la peur et la culpabilité agissent comme des forces qui nous privent de notre capacité d'agir et notre confiance en nous, car elles entraînent une image dégradée de soi et de notre sexualité. Or, en ce qui concerne l'entrée dans la sexualité, la confiance en soi et en ses choix est fondamentale[20]. Le soutien des parents dans le développement de cette confiance tout au long de la vie est primordial et rend fondamentale une éducation sexuelle continue et de qualité. La réception du porno, on le sait, dépend notamment du niveau d'information sur la sexualité et les rapports de genre dont un individu dispose. Il convient donc d'opérer une réduction des risques. Informer pour offrir la capacité d'agir c'est permettre à ses enfants de grandir et de s'émanciper. Savoir, c'est pouvoir. Informer, c'est le contraire d'une logique d'oppression. C'est donner du pouvoir d'agir.

---

18. Un bon exemple est l'exhibitionnisme. L'exhibitionnisme est aujourd'hui largement assimilé à une violence alors que de nombreux adeptes de l'exhib la pratiquent de manière consensuelle, sans imposer cela à des personnes non consentantes. L'exhibitionnisme est incontestablement violent quand il s'impose à des personnes qui ne l'ont pas désiré, mais le fait d'être sexuellement excité par le fait de se montrer n'est en rien problématique en soi. Le consentement reste la clé.

19. Julie Lavigne, Myriam Le Blanc Élie, et Sabrina Maiorano, « Agentivité sexuelle des femmes dans les films pornographiques critiques réalisés par des femmes », *GLAD!*, (revue sur le langage, le genre, les sexualités), n° 06, 1er juillet 2019, https://doi.org/10.4000/glad.1476.

20. Marie-Aude Boislard, sous la direction de Michel Claes et Lyda Lannegrand-Willems, *La Psychologie de l'adolescence*, chapitre 5 « La sexualité », éd. Presses de l'Université de Montréal, 2018, pp. 129-154.

## *Peur et panique morale*

La peur est légitime. C'est une émotion qui est notamment la conséquence de l'environnement médiatique et informationnel anxiogène et des méconnaissances liées à la fois à la sexualité et à la pornographie, fruit des tabous discutés plus haut. Ce qui est important, c'est de ne pas nous arrêter à cette peur, de comprendre d'où elle vient et de remettre en question nos idées reçues.

Il est d'autant plus légitime de craindre que le porno pose un certain nombre de problèmes qu'il s'avère nécessaire de discuter. Cependant, il est bénéfique de ne pas réagir de manière émotionnelle. Il existe aujourd'hui une large littérature qui déconstruit notre rapport à la sexualité et au porno. Des expert·e·s travaillent sur cette thématique, dans les sciences, dans le domaine de la santé publique et de la santé sexuelle. Des professionnel·le·s, spécialistes, sexologues, disposent de ces compétences et peuvent répondre à nos questions. Il est possible de trouver des réponses à nos craintes en donnant la parole à cette expertise et en ayant accès à ce champ de connaissance.

Une grande panique morale est à l'œuvre quand on parle de pornographie, en particulier chez les jeunes. Cette panique est largement entretenue par les médias, souvent plus prompts à inquiéter qu'à rassurer[21] et donne l'impression d'un nuage de poussière qui nous empêche à la fois d'identifier les vrais enjeux autour de la pornographie et d'avoir un débat serein autour de cette question.

La panique morale[22] est une réaction collective et disproportionnée face à un phénomène jugé dangereux ou délétère pour la société, souvent lié à des changements, notamment technologiques, ou à des modes. Elle est largement nourrie par les médias et le pouvoir politique. Au XIXe siècle, les romans pour femmes faisaient l'objet d'une telle panique et certain·e·s

---

21. La peur fait vendre davantage que les propos rassurants et, dans un climat très compliqué pour les médias, il serait simpliste de trop leur lancer la pierre. Ce qui se joue derrière cette peur est beaucoup plus important et pertinent à traiter.
22. Les termes *Moral panic* ou panique morale ont été utilisés en 1972 par le sociologue Stanley Cohen.

pensaient qu'ils allaient « mettre des idées dans la tête des femmes ». Dans les années 60, c'est le rock'n'roll qui était visé, avant de passer le relais aux jeux de rôles *Dungeons and Dragons* et à la musique heavy metal dans les années 80. Aujourd'hui, la pornographie sur Internet et les jeux vidéo (et plus largement les écrans) sont dans le viseur de cette panique.

Les paniques morales sont dangereuses parce qu'elles agissent comme des nuages de fumée. Voici un exemple très parlant pour montrer ce phénomène : en 1982, *Dungeons and Dragons* et le heavy metal ont été accusés de causer le suicide d'un jeune Américain, Irving Pulling, par un groupe d'action fondé par la mère du jeune homme, soutenu par les évangélistes et les républicains. Cela a eu un effet dans le monde entier sur la réputation des jeux de rôle et a ouvert la voie à des discours réactionnaires sur la pop culture en général, jusqu'à la fin des années 90, quand bien même les études scientifiques ont montré que la prévalence de suicide était plus basse chez les adeptes du jeu. Mais le plus grand problème est que cela a permis de détourner les médias et l'opinion des vraies causes des violences aux États-Unis et ailleurs (violences économiques du reaganisme, la précarité galopante, la vente d'armes incontrôlée, la coupe budgétaire dans l'éducation et les infrastructures de santé mentale et de jeunesse, homophobie et transphobie...).

Le porno n'est pas le seul sur la liste des sujets repoussoirs contemporains. Les jeux vidéo, par exemple, cristallisent des tensions et des craintes dans des discours relativement similaires à ceux qui sont produits sur le porno. Addiction, violence, isolement, différence entre « vie réelle » et vie numérique... En réalité, ce qui se joue ici, ce sont avant tout nos réactions émotionnelles face à un produit que l'on ne maîtrise pas et qui est très chargé moralement (soit parce que sexuellement explicite, soit parce qu'il est un objet culturel très récent, donc mal compris et méprisé par certaines élites).

Afin d'être à même de mener une discussion éclairée et détendue autour de cette question qu'est la pornographie chez les jeunes, il faut s'outiller. Cela passe par une compréhension, d'une part, de l'objet qu'est la pornographie et, d'autre part, du contexte politique et culturel dans lequel cette discussion doit avoir lieu. Au-delà de notre opinion sur la question, des informations théoriques et pratiques permettent de savoir où l'on navigue. La connaissance avant les émotions, la science avant la morale. Et surtout, le bien-être et la santé sexuelle pour chacun·e.

## Pas de problème

La pornographie n'est pas adaptée aux enfants, c'est tellement évident que l'écrire est presque pénible. Ielles ne devraient pas en regarder, de même qu'ielles ne devraient pas regarder de film d'épouvante. Cela peut arriver cependant, soit par inadvertance, soit par pression des pairs, soit parce que la curiosité l'emporte et qu'elle est cherchée volontairement. Dans tous les cas, il est impossible de garantir que nos enfants ne regarderont pas de pornographie avant l'adolescence et a fortiori avant l'âge de 18 ans.

Devant ce constat fataliste, la peur est une réaction normale. Mais rassurons-nous. En informant nos enfants sur la pornographie de manière adaptée à leur âge, il est possible de prévenir un certain nombre de problèmes liés aux émotions diverses que ces contenus peuvent susciter chez eux[23]. Et puis, ce n'est pas très grave. La majorité des enfants qui ont un jour vu de la pornographie se portent très bien, surtout s'ielles ont été en mesure d'en parler. Il convient, d'une part, de tout faire pour les protéger, d'autre part, de les outiller et de les accompagner et, finalement, de dédramatiser la situation.

Ensuite, à l'adolescence, les jeunes découvrent leur sexualité. Cela passe par un besoin d'information et d'éducation sexuelle, par la découverte de la masturbation et de la sexualité relationnelle, et par l'initiation à la pornographie. Il convient dès lors de poser une question simple, mais qui est souvent éludée sur le ton de l'évidence :

Est-ce que regarder du porno pose problème ?

---

23. La fondation Action Innocence a produit une vidéo pour les enfants de 8 à 10 ans sur le sujet qui aborde bien les différentes émotions. www.actioninnocence.org/publication/sur-internet-tout-n-est-pas-pour-moi

La réponse est assez simple : non. Regarder du porno ne pose pas de problème. Il n'existe aujourd'hui pas de preuve ou de consensus scientifique qui établisse que le porno est *mauvais*. Cela constitue une partie de la vie sexuelle et c'est très répandu. Une partie importante de la population en visionne de façon plus ou moins régulière. Regarder du porno, jouer à des jeux vidéo, lire des livres, *binge-watcher* des séries, aller au théâtre, cela fait partie des habitudes et des comportements culturels et de l'usage des médias dans notre société.

La question est souvent éludée sur le ton de l'évidence, notamment dans les médias, et il existe une forte croyance selon laquelle le porno est un problème en soi. C'est une position morale qui n'est pas étayée scientifiquement. Elle est en général énoncée sans justification, comme axiome inébranlable. Je veux ici prendre le contre-pied de cette pensée courte, non pas pour soutenir ou encourager l'usage du porno, mais pour permettre à la discussion d'avoir lieu sur les vrais enjeux liés à la pornographie.

On nous apprend que le porno est mauvais. Ce qui est problématique dans cette position monolithique, c'est que cela considère le porno comme *hors du monde. Le porno est mauvais, le reste, ça va.* Or, le porno pose des problèmes, comme le reste, et en discuter sans nuance empêche de se saisir de ces problèmes de manière détaillée, raisonnable (c'est-à-dire non émotionnelle) et constructive. Dire « regarder du porno est mauvais » n'est simplement pas utile, et cela élude la discussion qui doit impérativement avoir lieu. Condamner l'usage du porno en lui-même parce qu'il serait sexiste, violent ou autre ne règle aucunement le problème du sexisme ou de la violence. Il est impératif de parler de sexisme et de violence dans le porno tout comme il est indispensable d'en parler dans le cinéma, dans la littérature, dans la peinture… afin d'outiller les personnes qui consomment de la culture, que cette consommation comprenne du porno ou pas.

D'un point de vue méthodologique, la question « regarder du porno pose-t-il un problème ? » est importante, car c'est au travers du prisme de la réponse que va s'orienter la manière dont est abordée la pornographie. Si l'on traite le porno comme un problème social ou sanitaire, le risque est de pathologiser l'usage du porno. On cherche alors, comme c'est le cas dans certaines études, à établir des « prédispositions » à son usage, comme à celui des drogues et de l'alcool. On dirige son analyse pour comprendre la pornographie comme un fléau et considérer celles et ceux qui en regardent comme des gens malades ou à risque. Cela masque souvent mal le fait qu'on envisage en réalité la pornographie comme un problème moral. Or, si l'on considère que visionner du porno et s'y intéresser à l'adolescence est aussi normal que de s'intéresser à la sexualité ou au cinéma, son angle d'analyse est différent.

Il est important de préciser, étrangement, que formuler la question en ces termes n'équivaut pas à valider l'ensemble de la pornographie. De même que dire « regarder du cinéma ne pose pas de problème » n'équivaut pas à considérer que tous les films sont bons, qu'il n'existe pas de violences dans la production cinématographique ou que le cinéma n'a pas d'influence sur notre société. Tout comme notre culture cinématographique est hétérogène, souvent sexiste, parfois violente, pas toujours adaptée à l'âge ou aux envies des spectateur·rice·s, le porno est hétérogène, souvent sexiste, parfois violent et pas toujours adapté à l'âge ou aux envies des spectateur·rice·s. Questionner le sexisme dans le cinéma est un exercice absolument indispensable tout comme c'est le cas dans le porno. Ce qui pose un problème, c'est le sexisme, non le cinéma ou la pornographie en tant que tels.

Une autre précision qu'on ne doit apporter que lorsqu'on parle de pornographie – et jamais quand on parle de théâtre, par exemple – c'est que d'en regarder et affirmer que ce n'est pas un problème en soi ne signifie pas que l'on considère que tout porno soit éthique et responsable. Dire que manger des tomates ne pose pas de problème ne signifie pas que toutes les tomates sont acceptables d'un point de vue de la responsabilité environnementale et sociale, par exemple. Simplement, manger des tomates ne pose pas de problème en soi. Savoir si nous devrions arrêter de manger des tomates parce qu'elles nuisent à l'environnement ou parce qu'elles sont cultivées et transformées dans des conditions de travail souvent inacceptables est une autre question, et ce n'est pas celle qui est posée ici.

Si on évacue l'idée morale et assez peu opératoire que « regarder du porno, c'est mauvais », la question devient plus complexe, plus intéressante et surtout plus utile. Car affirmer en même temps « regarder du porno est mauvais » et « vous ne pouvez pas empêcher vos enfants d'en regarder », c'est priver les parents de leur capacité d'agir. Dire « le porno n'est pas mauvais en soi » et « les choses qui posent problème dans le porno peuvent être discutées et les jeunes peuvent acquérir (et ont déjà) des outils critiques pour en faire la lecture » semble être un discours beaucoup plus à même de donner aux parents et à la société des possibilités d'action devant quelque chose qui paraît pour l'heure surtout faire l'objet d'un alarmisme démesuré et peu opératoire. Cela amène une réflexion sur les usages du porno et rend possible la mise en place d'une éducation à la compréhension du porno, comme ça devrait être le cas avec tous les objets culturels. Cela n'empêche d'ailleurs pas d'y être opposé·e pour des raisons éthiques, morales, religieuses ou autres, mais pose un cadre d'approche différent et qui nous permet, en pratique, quelle que soit notre position sur le sujet, d'affronter le porno.

La majorité des personnes qui deviennent adultes (les ados) au fur et à mesure de l'évolution pubertaire, s'intéresse de manière progressive à la sexualité, et souvent à la pornographie. Cela est tout à fait normal. Approcher les choses ainsi permet de prendre du recul vis-à-vis de l'image que l'on se fait des consommateur·rice·s de pornographie. Presque tous les hommes et une partie non négligeable des femmes ont regardé ou regardent du porno à des fins masturbatoires ou d'excitation sexuelle, par curiosité et/ou parce que cela les intéresse en tant qu'objet d'étude. Cela n'altère en rien leur *normalité.*

## Le porno et nous : histoire d'une contradiction

Ce qui nous questionne, c'est le décalage qui existe entre les déclarations sur les ravages du porno et les chiffres sur sa consommation. On entend des journalistes ou éducateur·rice·s déclarer que le porno pose un problème alors qu'il est statistiquement presque certain qu'ielles en ont elleux-mêmes regardé, particulièrement si ce sont des hommes. Ce paradoxe est compréhensible, le porno est un outil intime, on n'a pas envie d'en discuter et, pour en parler, il est plus facile de se positionner comme si l'on n'était pas consommateur·rice·s, en position « méta » et objective.

Condamner la pornographie est également une manière d'éviter la réprobation ou la raillerie et de faire bonne figure vis-à-vis d'une société qui, globalement, juge négativement son usage. Ce qui se passe ensuite dans l'intimité est une autre question. Le porno vient chercher en nous des sensations et des émotions très contradictoires, d'attraction, de honte, de plaisir, de dégoût, et il semble que la puissance de ces sensations n'est étrangère ni à son succès ni à la force avec laquelle on le condamne. J'ai moi-même régulièrement des discussions avec des ami·e·s dont je suis sûre qu'ielles sont consommateur·rice·s mais qui pensent que le porno est un problème – mais pas pour elleux. Apparemment, ielles ne voient pas la contradiction, ou précisément, c'est la contradiction qui les pousse à prendre le contre-pied de leur propre comportement. S'ielles regardent du porno, si nous regardons du porno, c'est pourtant parce que ça nous plaît. Le porno nous apporte quelque chose, sinon on n'en regarderait pas. Et quand on regarde du porno, en général, c'est pour passer un bon moment. Alors, ne pourrions-nous pas aller à l'encontre des discours dominants, anxiogènes et hypocrites, et oser le dire : le porno, c'est sympa ! Pas seulement, c'est vrai, mais aussi[24].

24. S'il est important de dire cela, c'est aussi parce que dans les faits nous avons une pratique sexuelle et pensons qu'elle est « mauvaise », « amorale », « dégoutante » ou autre, et nous créeons ainsi un biais dommageable sur notre sexualité. Il est plus préférable d'être aligné vis-à-vis de sa consommation et de penser « je regarde du porno parce que j'aime ça et que ça me donne du plaisir, donc c'est bien » plutôt que de se dire « je regarde du porno et c'est mal, mon plaisir et mon désir sont mauvais ». C'est en outre dangereux parce que du moment qu'on considère qu'on est passé du mauvais côté, il devient plus difficile de mettre des limites et de faire le tri entre les pratiques acceptables (consensuelles) et les pratiques violentes (puisque de toute manière on est déjà « mauvais »).

## Le problème « jeunes »

Aujourd'hui, la majorité des articles de presse et scientifiques traitant de la pornographie se focalisent sur la jeunesse. Ce qui inquiète, dans le porno, c'est l'usage qu'en font les jeunes. Cela n'est pas nouveau. Déjà au XIXe siècle, les élites qui avaient accès à des contenus pornographiques et qui ne se gênaient pas pour s'en servir, craignaient que cette pornographie ne tombât entre de mauvaises mains. Cette même pornographie, consommée par des hommes de l'élite sans que cela semble poser de problème, devient dangereuse quand elle est consommée par d'autres et spécialement par des populations jugées vulnérables, notamment en raison de leur manque de maturité. Les femmes, les populations colonisées, les classes populaires et les jeunes n'ont pas, selon eux, les outils pour prendre la distance vis-à-vis de ces contenus. C'est un phénomène que l'on observe encore aujourd'hui. Le porno, pour soi, ça va. C'est pour les autres que c'est dérangeant. Spécifiquement pour les jeunes, parce qu'ielles n'ont pas, d'après les adultes, les outils pour le déchiffrer. Florian Vörös, dans son enquête sur l'usage de la pornographie par des hommes blancs de la classe moyenne haute[25] montre que chacun s'inquiète non pas pour les conséquences de sa propre consommation, mais pour celles sur la jeunesse, quand bien même ils sont nombreux à relater leur rapport au porno dès l'adolescence. « Le porno, c'est l'érotisme des autres », a dit André Breton, mettant en avant la contradiction invisible présente dans de nombreux discours. Dans tous les cas, cette inquiétude liée aux répercussions de la consommation de porno chez les jeunes doit nous encourager à en parler et à proposer une éducation à ce média particulier.

Il est néanmoins problématique de mettre en opposition « une sexualité adulte maîtrisée et une sexualité adolescente exacerbée et insouciante[26] », et ce, de plusieurs points de vue. Yaëlle Amsellem-Mainguy et Arthur Vuattoux, entre autres,

25. Florian Vörös, *Désirer comme un homme*, *op. cit.*, p. 129.

26. Irène Demierre, *Pornographie et adolescence, comment améliorer la pratique en conseil et en éducation sexuelle ?* Travail de diplôme, DAS en Santé sexuelle, Centre de formation continue de la HETS-Genève (CEFOC), 2021, p. 8.

montrent dans leur ouvrage *Les Jeunes, la Sexualité et Internet* que cette lecture «adulte» à travers le prisme de la jeunesse exprime un «alarmisme sexuel» et ne questionne pas l'usage et les motivations des jeunes vis-à-vis de la pornographie. Inscrire la sexualité adolescente dans une définition relevant de l'insouciance et de la perte de contrôle participe d'une délégitimation et d'un manque de reconnaissance de cette sexualité par la société, ce qui nuit à une approche positive de la santé sexuelle et affective et de la lutte contre les violences sexuelles et sexistes[27].

Amsellem-Mainguy et Vuattoux révèlent que les jeunes ont un usage d'Internet et de la pornographie beaucoup plus critique et intelligent que ne le laissent penser certains discours alarmistes. Ils établissent également que cette panique morale ne permet pas de se plonger dans la complexité des usages d'Internet et du rapport des jeunes avec la sexualité, beaucoup moins problématique dans les faits que ce que ne le laissent penser les discours ambiants. Leur enquête auprès de nombreux jeunes sur leur usage d'Internet dans le cadre de leur entrée dans la sexualité montre une pluralité de situations, d'usages, d'intentions, de compréhensions et surtout atteste que les jeunes ne sont pas des «crétins digitaux» et que s'ielles se rendent sur Internet afin de trouver des informations qu'ielles ne trouvent pas ailleurs, ielles font le tri, consultent de nombreux articles... Bref, ielles sont bien informé·e·s et, globalement, approchent la sexualité sur Internet d'une manière beaucoup moins «dangereuse» que ce que nous pourrions le penser.

C'est également le constat que tire Anne Cordier dans *Grandir informés*[28]. Elle a eu l'occasion de faire ce que peu ont tenté jusqu'ici, suivre des jeunes vis-à-vis de leur rapport à l'information dans une étude longitudinale, c'est-à-dire sur un temps long. En effet, un des problèmes qui consiste à considérer le rapport «des jeunes» au porno comme nous nous y employons actuellement, c'est que nous voyons là une figure figée. Or, les jeunes grandissent, deviennent des adultes, et alors notre prisme disparaît. Qu'est-il alors advenu de ces jeunes qui, en 2015, regardaient du

27. Irène Demierre, *op. cit.*
28. Anne Cordier, *op. cit.*

porno sur Internet ? Ielles ont aujourd'hui entre 18 et 25 ans, et ont laissé la place à d'autres jeunes pour lesquel·le·s on s'inquiète. Les jeunes du XIXe siècle ne sont plus là pour nous dire comment ielles ont moralement, physiquement et intellectuellement été affecté·e·s par la pornographie ou la masturbation comme on le craignait à l'époque, mais les jeunes qui consultent de la pornographie sur Internet depuis les années 2005 (période où les vidéos en ligne se sont démocratisées) sont aujourd'hui des adultes de 30 ans. Si l'on s'inquiète vraiment pour leur santé et leur vie sexuelle, ne conviendrait-il pas de mener des études longitudinales sur le sujet ?

La jeunesse est considérée comme une période à risque vis-à-vis de la sexualité et d'Internet. Il serait irresponsable de ne pas prendre des mesures pour accompagner les adolescent·e·s dans leur entrée dans l'âge adulte, notamment en ce que concerne ces questions. Le problème, c'est qu'on ne le fait pas, tout en s'inquiétant de leur autonomie grandissante. Cette inquiétude empreinte de panique morale est incontestablement l'aveu d'échec de notre éducation à la sexualité et aux médias numériques. Elle parle davantage de nous que d'elleux. S'il est vrai que les jeunes consultent de la pornographie pour s'informer sur la sexualité, qu'est-ce que cela dit de l'information à leur disposition ? Elle semble insatisfaisante ou insuffisante, et ce constat parle davantage de notre incapacité à donner des réponses à leurs questions que du porno en lui-même.

Il est important de rappeler que le groupe « jeune » est, d'une part, très hétérogène et, d'autre part, revêt des significations et des représentations diverses. Le milieu social, le sentiment religieux, les normes familiales, l'accès à la santé sexuelle... sont des éléments qui déterminent fortement les individus, quelle que soit leur classe d'âge. Celle-ci n'est d'ailleurs pas un critère satisfaisant tant le développement varie d'un individu à l'autre. Il convient dès lors d'éviter les généralités et notamment l'idée que les jeunes sont nécessairement naïfs et inconséquents, que ce soit en matière de sexualité, d'information ou d'usages numériques (ou de tout à la fois[29]).

29. Yaëlle Amsellem-Mainguy et Arthur Vuattoux, *Les Jeunes, la Sexualité et Internet*, Paris, éd. François Bourin, 2020, p. 166.

La sexualité des jeunes est un sujet d'inquiétude de longue date (y compris quand nous étions jeunes nous-mêmes, quelle que soit notre année de naissance), mais nous constatons qu'elle n'est ni débridée ni plus précoce qu'il y a 60 ans[30]. Lorsque nous arrivons à la puberté, un besoin d'autonomie et d'indépendance légitime se présente, lié à la découverte du corps, des désirs, de la masturbation et de la sexualité relationnelle. En tant qu'adulte, nous avons la responsabilité d'informer nos enfants, puis de leur faire confiance. La discussion et le respect des limites et de l'intimité sont des outils éducatifs précieux. Ce que nous souhaitons éviter à tout prix, c'est la honte, l'humiliation et les inductions tacites sur ce qui est bien et ce qui est mal, car, nous le savons, c'est cela qui entraîne des troubles dans la vie sexuelle et affective, bien plus certainement que le visionnage d'images pornographiques.

---

30. Michel Bozon, « Autonomie sexuelle des jeunes et panique morale des adultes. Le garçon sans frein et la fille responsable », *Agora débats/jeunesses* n° 60, 2012/1, pp. 121-134.

## « Les gens veulent faire en vrai ce qu'ils voient dans le porno.

*Le porno est une fiction et les gens en visionnent pour de très nombreuses raisons. La motivation principale à l'usage de la pornographie est l'excitation sexuelle en vue de vivre une expérience sexuelle solitaire ou relationnelle. En gros, le porno est un divertissement, qui, comme d'autres œuvres culturelles, nous apporte des émotions fortes. Tout comme les gens qui regardent des films d'horreur n'ont pas envie de vivre ou de faire ce qu'ielles voient, les gens qui regardent du porno n'ont pas nécessairement envie de faire ce qu'ielles voient dans leur vie sexuelle. Ce que les gens voient dans le porno et ce que les gens pratiquent dans leur sexualité relationnelle sont deux choses différentes. Le porno est une mise en scène des fantasmes, et il y a une différence entre fantasme et désir.*

## “La consommation de pornographie est le signe d’une sexualité débridée.

*Beaucoup de gens regardent du porno, et un usage équilibré de la pornographie fait partie de la sexualité de nombreuses personnes. La consommation de pornographie est un phénomène banal qui n’est aucunement le signe d’une sexualité débridée ou excessive. Les personnes qui visionnent de la pornographie n’ont pas plus que les autres des pratiques extrêmes ou des comportements à risque.*

# Chapitre deux

# Le porno, qu'est-ce que c'est ?

## Une définition et un monde hétérogène

### *Morale*

Malgré le fait que tout le monde ait un avis sur ce qu'est le porno, il est très compliqué de lui donner une définition. Le Larousse propose la suivante: «présence de détails obscènes dans certaines œuvres littéraires ou artistiques; publication, spectacle, photo, etc., obscènes». Il faut donc chercher la définition d'obscène: «qui blesse ouvertement la pudeur, surtout par des représentations d'ordre sexuel ou scatologique». Alors, cherchons pudeur: «disposition à éprouver de la gêne devant ce qui peut blesser la décence, devant l'évocation de choses très personnelles et, en particulier, l'évocation de choses sexuelles.» On pourrait encore chercher la définition de décence, mais je crains de partir dans une boucle infinie. Disons que la définition de la pornographie comprend une notion morale de ce qui est jugé décent et de ce qui est jugé obscène. Et comme ces notions sont amenées à changer au fur et à mesure du temps, il faut, pour saisir ce qu'est la pornographie, la situer dans son contexte moral, politique et culturel.

### *Légale*

La pornographie est également une notion légale et administrative. En France, par exemple, depuis les années 80, le régime fiscal des films pornographiques, c'est-à-dire entrant administrativement dans cette catégorie, est extrêmement sévère et leur production est privée de tout soutien public[31]. Quant à savoir sur quels critères les films entrent ou n'entrent pas dans cette catégorie, la réponse se trouve de nouveau derrière ce que les commissions en charge de classer les films considèrent comme « obscène ». Cela a été relaté de manière précise par le sociologue Mathieu Trachman[32] qui cite des extraits de ces commissions et montre sur quelle base est évaluée l'obscénité. L'intention artistique est un critère déterminant, et, par exemple, le film *Salò ou les 120 journées de Sodome* de Pier Paolo Pasolini n'a pas été classé X bien qu'il soit sexuellement très explicite. En d'autres termes, l'art ne peut pas être porno et inversement.

### *Sociale*

Cela prouve que l'obscénité est également une affaire de classe sociale. La maîtrise des codes « artistiques » permet à certain·e·s de créer et de consommer du matériel sexuellement explicite sans qu'il soit catégorisé comme pornographique, ce qui les protège d'un stigmate. Cela montre bien la façon dont la catégorie porno est utilisée comme figure repoussoir afin de discréditer un contenu sur la base de notions morales grâce, notamment, à l'appareil administratif et légal. De nombreux débats sur la pornographie mettent d'ailleurs en exergue le manque de qualité artistique des films pornos, comme si l'intention et la réception artistique excusaient ce qu'on peine à justifier par ailleurs.

---

31. Il est intéressant de noter que la loi fiscale qui régit ces films s'appelle « Prélèvement sur les films pornographiques ou d'incitation à la violence et sur les représentations théâtrales à caractère pornographique ». La pornographie et l'incitation à la violence sont donc couvertes par la même loi.
32. Mathieu Trachman, *Le travail pornographique, enquête sur la production de fantasmes*, éd. La Découverte, Paris, 2013.

## *Sexually Explicit Content*

On pourrait être tenté·e de définir la pornographie comme tout contenu sexuellement explicite. Encore faut-il définir ce que l'on considère comme sexuellement explicite car, ici, les normes et les positionnements idéologiques jouent pour beaucoup. Même en dehors de cette question, cette définition n'est toutefois pas suffisante. En effet, certaines mises en scène sexuellement explicites ne sont pas considérées comme pornographiques (certains supports d'éducation sexuelle, par exemple, ou certaines œuvres artistiques) alors que d'autres, qui ne sont pas sexuellement explicites, pourraient tout à fait être considérées comme pornographiques. Il existe des formats pornos audio, ou littéraires, ainsi que des images qui reprennent les codes de la pornographie sans être sexuellement explicites et qui ne laissent aucun doute sur l'intention porno. C'est notamment le cas de contenus que l'on rencontre sur les réseaux sociaux et qui s'invitent depuis peu dans le débat sur la pornographie. Ce n'est pas sexuellement explicite, on ne voit pas de génitalité, mais l'intention pornographique reste claire.

## *Savoir-faire*

Le porno, c'est aussi une esthétique, une manière de fabriquer l'image. C'est un champ de compétences, un savoir-faire, savoir mettre en images nos sexualités et nos fantasmes. Ce savoir-faire et cette esthétique peuvent être repris pour mettre en scène des éléments qui ne sont pas sexuellement explicites et qui sont pourtant reconnus comme pornographiques. L'exemple peut très bien être illustré par des photos de doigts plantés dans des fruits et qui font référence à la masturbation féminine autant par l'image elle-même que par la manière dont la photo est prise. Le porno peut être lié à un imaginaire et à une imagerie sans représenter explicitement la sexualité. « La différence entre érotisme et pornographie, c'est l'éclairage », disait avec humour Gloria Leonard, actrice et pornographe, décédée en 2014, explicitant le fait que le porno tient davantage à une esthétique qu'à une quelconque autre base objective[33].

### *Stimulant sexuellement*

La pornographie pourrait être définie comme du matériel qui a pour objectif d'exciter sexuellement. C'est certainement une compréhension largement partagée. Quand on parle de porno aujourd'hui, on parle généralement de films et plus rarement d'autres supports qui sont pensés et servent à stimuler sexuellement, à des fins masturbatoires ou pour les sexualités relationnelles. S'il est évident qu'une majorité de la production pornographique répond à ces critères, ils ne sont néanmoins pas suffisants pour qualifier l'étonnante diversité de la production pornographique. Dans les productions plus marginales et qui échappent aux réseaux *mainstream*, certains contenus ne sont pas pensés pour être excitants. C'est notamment le cas de certains films projetés au FdS, «festival artistique des affects des genres et des sexualités[34]». Qu'ils aient des vocations artistiques, narratives ou militantes, ces films n'ont pas systématiquement pour but d'exciter l'auditoire. Certains films racontent des histoires et des vécus, revendiquent quelque chose ou nous questionnent et l'excitation n'est pas au centre des motivations des réalisateurs et réalisatrices.

### *Objet culturel*

La pornographie peut prendre toutes les formes artistiques. Cinéma, théâtre, photo, sculpture, peinture, littérature... En ce sens, il est intéressant de questionner la catégorie elle-même. En quoi la sexualité se distingue-t-elle de tous les autres thèmes

33. La différence entre érotisme et pornographie est très discutée. L'engouement pour ce débat tient à l'idée que l'érotisme serait acceptable, voire positif, alors que la pornographie renvoie à quelque chose de négatif. Parler d'érotisme légitime certaines représentations ou son usage, et renvoyer à la pornographie permet de disqualifier un objet culturel et de s'en détacher.

34. Un festival ayant lieu chaque année à Lausanne, qui projette de nombreux films pornos «alternatifs» aux vocations très différentes et qui montre très bien la diversité de la production pornographique.

convoqués dans l'art? Nous l'avons vu avec le cas de *Salò* de Passolini, une distinction est faite, administrativement, entre «art» (dans ce cas défini par l'intention artistique d'un réalisateur reconnu comme «un grand artiste») et pornographie, les deux catégories s'excluant. Pourtant, l'art et la culture se sont toujours saisis de la sexualité comme objet. Nous pourrions donc aussi simplement définir la pornographie comme un objet artistique, ou un genre, bref, le voir comme un objet culturel comme un autre. Richard Dyer, historien et théoricien du cinéma, spécifie davantage et présente le porno comme un objet culturel qui passe par le corps[35], les émotions et des sensations. À ce titre, il le rattache au mélo, au thriller et au comique qui fonctionnent de la même manière. Le porno serait un objet culturel dont la construction a pour but de susciter et de convoquer des sensations physiques.

Cette définition du porno comme objet culturel est reconnue par de nombreux·euses chercheur·euse·s qui traitent de la pornographie à travers le prisme de l'étude des médias et de la culture. Ielles questionnent l'usage qui est fait de la pornographie en l'intégrant dans le cadre de la consommation culturelle.

## Subjectif

Pour finir, on peut dire que la définition de la pornographie est également affaire de perceptions. Yaëlle Amsellem-Mainguy et Arthur Vuattoux montrent grâce à leur enquête[36] que la perception; et donc, la définition de ce qui est porno est délicate et peut être fortement influencée par le contexte. Par exemple, de nombreux·euses jeunes dans leur enquête situent leur premier contact avec de la pornographie dans l'enfance et citent des films qui ne sont généralement pas considérés comme pornographiques. La manière dont un parent a changé de chaîne, fermé l'ordinateur, invité l'enfant à fermer les yeux, bref, les réactions de son entourage autour de ces films ont inscrit ces contenus dans un tabou

35. Richard Dyer, *Cultures pornographiques: anthologie des porn studies*, «Le porno gay, un genre filmique, corporel et narratif», trad. Maxime Cervulle, sous la direction de Florian Vörös, Paris, éd. Amsterdam, 2015, p. 46.
36. Yaëlle Amsellem-Mainguy, *op. cit.*

qui, selon eux, était constitutif d'une définition de la pornographie. Un jeune cite également un catalogue de sous-vêtements, mettant en lumière le fait que c'était la réception et l'usage qui donnaient au contenu un caractère pornographique.

**En pratique**

*Demandez à vos enfants s'ielles savent ce qu'est la pornographie et discutez de cela avec elleux. Voici quelques questions qui vous permettent d'en discuter avec elleux: Qu'est-ce qui différencie un film porno d'un film non porno? Qu'est-ce qui caractérise la pornographie d'après elleux? Quelles sont les règles spécifiques concernant le porno qui ne concernent pas les autres types de productions culturelles? (Notamment l'âge du public et les lois.) Est-ce que tous les contenus «excitants» sont pornographiques? Est-ce que tous les contenus pornographiques sont excitants? Pourquoi considère-t-on le porno comme quelque chose d'amoral? Pourquoi, en fait, c'est compliqué d'en parler et d'aborder le sujet?*

## Porno et idéologie

### *Le porno comme un fléau social et sanitaire*

L'idée que le porno est un problème ou un fléau est partagée par de nombreux discours médiatiques et politiques. *Porno* devient un synonyme de pervers ou d'amoral. Si cette position est davantage portée par des mouvements conservateurs, elle est largement partagée au sein de la société – avec une certaine hypocrisie, puisque la société consomme beaucoup de porno. Cette position est avant tout idéologique et morale, et les tentatives pour montrer que le porno représente en effet un danger pour la société n'ont pas abouti à des résultats satisfaisants d'un point de vue scientifique. Bien que ce soit une position dominante dans le champ politique, elle n'est donc pas étayée et semble faire davantage office d'écran de fumée ou de figure repoussoir permettant de ne pas aborder le fond des problèmes sociaux que le porno cristallise.

## *Porno et débat féministe*

Afin de remettre en question une seule forme légitime de sexualité, appartenant aux hommes cisgenres hétérosexuels, les minorités mettent en lumière des sexualités alternatives. Les féministes et personnes LGBTIQ+ ont utilisé et utilisent la pornographie comme un outil de visibilisation, de revendication et d'émancipation. Pour les milieux LGBTIQ+, la mise en images d'une sexualité proscrite (y compris légalement jusqu'à il n'y a pas si longtemps) ou stigmatisée lui donnait une existence propre et une visibilité. La possibilité de visionner des images pornos gays ou lesbiennes[37] n'a pas la même portée pour la construction sexuelle de personnes qui ne reçoivent que très peu d'informations et d'éducation sexuelle spécifiques en tant que jeunes LGBTIQ+ et cela tient également d'une forme de revendication et d'affirmation de soi.

Certaines féministes considèrent que le porno peut être un outil d'émancipation - notamment sexuelle - pour les femmes, un moyen de mettre le plaisir féminin à l'agenda ou encore de permettre aux femmes d'exprimer leurs fantasmes ou de stimuler une sexualité qu'on a symboliquement annulée pendant de longues décennies. Permettre aux femmes de se penser comme des sujets désirants, notamment à travers l'affirmation de la production ou consommation de pornographie, est une revendication de certaines féministes. Le porno peut être lu à travers le prisme de la revendication et de l'affirmation, notamment grâce à son fort pouvoir de subversion.

## *Le porno comme violence faite aux femmes*

Les débats «antiporno» ne sont pas uniquement nourris par les milieux conservateurs. La lutte contre la pornographie est un combat d'une partie des féministes, et ce, de longue date. Les groupes américains de la fin des années 70, *Women Against Violence in Pornography and Media* et *Women Against*

37. Il est ici important de distinguer le porno lesbien du porno *mainstream* hétéro mettant en scène des femmes ensemble.

*Pornography* appelaient à abolir la pornographie qu'elles définissaient comme une violence faite aux femmes. Encore aujourd'hui, certain·e·s tentent de définir la pornographie par son aspect sexiste ou violent.

Certains mouvements féministes considèrent que toute forme de pornographie est sexiste et définissent la pornographie comme une violence faite aux femmes. Cela pose un certain nombre de problèmes qui participent à figer les discussions autour de la pornographie notamment au sein des milieux féministes.

De nombreuses féministes et personnes LGBTIQ+ revendiquent et produisent de la pornographie précisément pour remettre en question les normes (hétéro)sexistes de la sexualité. Le caractère subversif de la pornographie a permis aux communautés gays et lesbiennes de mettre en scène une sexualité sans hommes ou sans femmes, entre hommes ou entre femmes. Des productions mettent en avant le plaisir féminin et proposent une lecture féminine du désir, une mise en scène de fantasmes qui ne sont pas masculins. S'il est clair que la majorité du porno s'adresse aux hommes hétéros, cela ne va pas de soi et il n'y a aucune raison de penser que d'autres productions ne puissent viser d'autres publics. Quant à la proposition selon laquelle mettre la sexualité en scène est par définition sexiste, elle ne tient sur aucune base solide[38] et se démonte aussitôt qu'on la questionne.

Le problème tient dans le lien entre sexualité et sexisme. Il est certain qu'aujourd'hui encore, le *lieu* de la sexualité est traversé par des enjeux de pouvoir et de genre. Le désir masculin est légitimé[39] alors que le désir féminin est encore la proie d'un jugement moral et d'un double standard. Les violences sexuelles et sexistes et notre difficulté à traiter de la notion de consentement rendent complexe le chemin des femmes vers une sexualité épanouie. Les normes hétérosexistes empêchent une partie

38. Gayle S. Rubin, *Surveiller et jouir: anthropologie politique du sexe*, Paris: éd. EPEL, 2010, pp. 275-315, Gayle Rubin critique ce combat féministe anti-porno qui, selon elle, a fait fausse route. Ce document reste d'une grande actualité aujourd'hui.

39. Il va jusqu'à justifier le viol dans de nombreux discours.

de la population d'avoir accès à une vie sexuelle et affective décomplexée et sûre. Le plaisir féminin est encore largement tabou et invisibilisé.

Dans ce contexte, le foisonnement d'un marché sexuel à l'attention des hommes hétéros – dont la pornographie – a de quoi questionner les féministes et constitue incontestablement une inégalité dans le champ de la sexualité, les femmes et les personnes LGBTIQ+ n'ayant pas accès à un tel marché. Ce questionnement est au centre d'une forte crispation des débats autour de la question du porno : le porno sert aux hommes, c'est donc un outil du patriarcat, du sexisme et de la culture du viol. S'il est impossible de balayer cette critique d'un revers de la main, il est important de savoir que de nombreuses féministes considèrent plutôt le porno comme un champ que les femmes doivent se réapproprier plutôt que de l'abolir. S'il est clair que les productions pornos mainstream cantonnent les femmes à certains rôles – et donc sont sexistes – il en va de même pour une immense partie de notre production culturelle. C'est l'arrivée des femmes dans la création culturelle qui participe à changer de vision des choses. Il ne viendrait à personne l'idée d'abolir la culture puisqu'elle est sexiste, comme proposent de le faire les abolitionnistes avec le porno.

## *Le porno comme contenu violent*

C'est un lieu commun de dire que le porno est violent. C'est un des arguments centraux autant des anti-pornos que des médias. Là encore, il y a plusieurs choses à évoquer puisque cela est tellement répété qu'on finit parfois par l'entendre comme une tentative de définition du porno lui-même.

La première forme de violence qui est mise en avant quand on parle de porno est celle commise à l'égard des actrices. Autour de cette question se joue un immense débat qui n'est pas l'objet de cet ouvrage et qui touche à la question du travail du sexe et des personnes qui l'exercent. Il est néanmoins fondamental de rappeler une chose : le sexe sans consentement, qu'il soit tarifé, mis en scène et filmé, conjugal ou *casual*, ça s'appelle un viol, et ça ne rentre pas dans la définition de la pornographie, mais dans la définition de la criminalité.

Dire cela permet de recentrer la discussion autour de la question du consentement qui sera traitée de manière approfondie dans les chapitres à venir. Dans tous les cas, et c'est une position que je partage avec de nombreuses féministes, une femme, comme tout individu, doit pouvoir choisir ce qu'elle fait de son corps, y compris de la pornographie. La stigmatisation dont sont victimes les actrices, entretenue par les discours anti-pornos de tous bords (féministes ou conservateurs) n'est pas acceptable et doit être combattue, car elle constitue en soi une violence. Et, malheureusement, le regard moral qu'on porte sur la pornographie rend très difficile d'exercer une activité dans ce périmètre sans être victime de violences – sociales, administratives et économiques.

On dénonce parfois la pornographie comme la mise en scène du viol et de la violence envers les femmes. « La pornographie est la représentation graphique du viol et de la torture », écrivait Andrea Dworkin, figure du féminisme abolitionniste américain. Cela revient à dire qu'une relation sexuelle est un viol et une torture, ce qui, à mon sens, est faux – car le sexe, c'est chouette. Il n'y a aucune raison de penser que filmer la sexualité est la représentation du viol, pas plus que filmer des gens en train de manger serait la représentation d'un gavage.

Le porno mettrait de la violence en scène, le porno serait donc violent. Ici, il est vraiment délicat de parler *du* porno alors qu'il s'agit d'un monde très hétérogène. La présence de la violence n'est, de loin, pas la règle dans le porno. Il existe du porno vanille[40] (la majorité), il existe du porno « hard », il existe du porno BDSM[41]. Il existe des scénarios très différents, exactement comme dans le reste de la production cinématographique. Cependant, ce qui doit permettre de définir le caractère violent d'une pratique, ce n'est pas la pratique en elle-même, mais le consentement des personnes impliquées. Ce qui doit être au centre de notre attention, c'est le fait que les acteurs et les actrices qui participent à des tournages le fassent de manière libre et éclairée.

La raison pour laquelle la pornographie est pointée du doigt quand elle est dite violente, c'est parce qu'elle est prise au premier

40. C'est-à-dire non BDSM.

41. Bondage, discipline, sadomaso.

degré et qu'on confond mise en scène, fiction et réalité. Si l'on craint, comme ça semble être le cas, que les jeunes ne deviennent violent·e·s parce qu'ielles regardent du porno, il s'agit avant tout de leur donner les clés de lecture afin qu'ielles fassent la différence entre la fiction et la réalité – comme la majorité d'entre elleux le font déjà. Et si l'on craint que les jeunes, notamment les filles, se sentent obligé·e·s d'accepter des pratiques qui ne leur plaisent pas parce qu'elles sont présentes dans la pornographie, alors la clé est de remettre le consentement au centre de nos discussions. À ce titre, chacun·e doit être en mesure d'accepter ou de refuser n'importe quelle pratique, qu'elle soit pénétrative et vanille ou qu'elle soit non conventionnelle et BDSM : seul le consentement éclairé et libre importe.

Pour conclure, on peut dire qu'il est compliqué de définir la pornographie. La définition qui me paraît la plus intéressante et qui sera reprise dans cet ouvrage est la suivante : un ensemble de compétences, de savoir-faire et d'intention esthétique qui permet de mettre nos fantasmes en images dans un contenu culturel afin d'exciter sexuellement l'auditoire. Dans tous les cas, il faut garder en tête que le porno, sa production comme ses usages, est un monde hétérogène et divers, et que toute généralisation ou tentative d'homogénéisation est vaine et inopérante.

**En pratique**

*Discutez avec vos ados des valeurs et de l'éthique en lien avec la pornographie et le travail du sexe. Questionnez avec elleux ce que veut dire le travail du sexe, ce qu'il implique. Demandez-leur leur opinion sur cette question. Est-ce que le travail du sexe est une oppression en soi ? Est-ce qu'on peut exercer librement le travail du sexe ? Qu'est-ce qui différencie le travail du sexe des autres manières de gagner sa vie ?*
*Discutez des conditions indispensables à l'exercice du travail du sexe et du travail pornographique (reportez-vous au chapitre sur le consentement en cas de besoin).*

## Histoire de la pornographie

L'histoire de la pornographie doit être vue à travers le prisme des *cultural studies*, c'est ainsi qu'elle fait le lien entre l'histoire sociale, notamment l'histoire du genre, des sexualités, des représentations, et l'histoire des technologies et de la communication. Elle peut également être vue sous l'angle de l'histoire politique et particulièrement des politiques culturelles. Elle se situe donc au cœur d'un programme d'histoire interdisciplinaire.

Les représentations explicites de la sexualité ont toujours existé. Aussi loin qu'on regarde, on retrouve des œuvres mettant en scène la sexualité humaine, de manière plus ou moins explicite et graphique (souvent plus que moins). Le premier film érotique a été produit une année après l'invention du cinéma. Dès l'arrivée des VHS dans nos maisons, le porno y est entré. Le câble a permis de le transmettre à la télé, Internet a immédiatement vu apparaître des sites pornos et dès que les Tubes ont vu le jour, on les a utilisées pour télécharger et diffuser de la pornographie. La motivation de faire, de montrer et de voir de la pornographie semble particulièrement stable dans le temps si bien que, dès qu'une technologie apparaît, elle est utilisée pour produire et diffuser du porno.

C'est donc notamment à travers l'histoire des technologies que l'on peut observer la pornographie. Des technologies qui rendent possible la production et d'autres qui rendent possible la diffusion. Et, à l'évidence, que ce soit du point de vue de la production ou de la diffusion (et donc, de l'accès), nous vivons une période où les limites paraissent ne plus exister. Un smartphone ou une intelligence artificielle permettent aujourd'hui de créer du contenu. Chacun·e devient curateur·rice de contenu sur les sites de téléchargements gratuits et accessible à tou·te·s.

De ce fait, l'histoire récente de la pornographie est marquée par une crise économique et un appauvrissement autant des contenus que des conditions de travail et de production. Alors que la diffusion de la pornographie est florissante, le *business model* développé au début du XX^e siècle et axé sur la diffusion de matériel principalement piraté et mis à disposition gratuitement, a ruiné le domaine de la production de pornographie. Les films sont devenus très peu rentables, tout le secteur est touché par de grandes difficultés et de nombreuses boîtes de production ont mis la clé sous la porte. Les producteur·rice·s peinent à faire valoir leurs droits face aux géants qui occupent le marché grâce à leurs nombreux sites internet[42]. Dans ce contexte, le style gonzo[43] se généralise et la pression sur les actrices est exacerbée alors que les salaires ont fortement diminué. La pornographie rencontre les mêmes défis que le reste du monde du cinéma et de la musique, mais la stigmatisation et les tabous dont elle est l'objet empêchent de mettre en place des mesures pour réguler sa diffusion. Cela a notamment pour effet de faciliter son accessibilité auprès des jeunes qui en consomment dans des proportions sans précédent – voilà encore un autre élément qui marque l'histoire récente de l'usage de la pornographie.

## Internet

Aujourd'hui, la question de la pornographie ne peut être dissociée de la question du numérique. Les discours qui foisonnent sur la pornographie ne sont pas séparés et pas séparables du rapport que nous avons avec le numérique. Les inquiétudes que cristallise l'utilisation des écrans et d'Internet se croisent avec celles liées à l'usage de la pornographie. Et, de ce fait, les usages de la pornographie aujourd'hui ne peuvent être débattus sans prendre en considération l'usage du numérique chez les jeunes dans le cadre de leur entrée dans la sexualité.

Les tensions présentes dans les débats autour de ces questions se croisent et se rencontrent. Les ennemi·e·s des écrans et du numérique citent la pornographie comme un argument pour lutter contre ceux-ci. Les défenseur·euse·s d'une approche scientifique des enjeux numériques intègrent la pornographie dans le cadre de ces recherches – non pas comme un sujet séparé, mais comme un des éléments du « défi numérique ». Une éducation

42. « Le porno en quête d'une nouvelle vigueur », *Le Monde.fr*, 23 mars 2015. « Porno Vampire », *Slate*, 23 octobre 2014.
43. Films généralement courts sans scénario ou décors, à faible budget, qui recourt beaucoup aux gros plans.

aux médias numériques, plébiscitée par beaucoup, intègre la sexualité et la pornographie comme étant un de ses aspects. Et il en va de même de l'éducation sexuelle et affective qui ne peut se faire sans tenir compte de l'usage que les jeunes ont du numérique dans le cadre de leur entrée dans la sexualité.

Et nous, les parents, nous sommes concerné·e·s au premier chef par cette question puisque de nombreuses activités de nos enfants, notamment liées à la sexualité, passent par le numérique et par Internet. Que ce soit pour l'information, pour les échanges et la sociabilisation, pour les activités scolaires, créatives ou vidéoludiques, ou la consommation de contenus – notamment pornographiques –, la nébuleuse numérique est présente dans notre vie familiale.

L'entrée dans l'adolescence est caractérisée par un besoin croissant d'autonomie et d'intimité. De ce point de vue, la chambre à coucher et le téléphone/la tablette/l'ordinateur sont des espaces d'intimité. La tension entre le besoin de contrôle et l'impératif de laisser de la place à l'exploration nous met dans une recherche d'équilibre dynamique. Cadrer et laisser faire. Donner un espace de sécurité et permettre d'explorer et de découvrir le monde au sein de cet espace.

À ce titre, l'étude d'Amsellem-Mainguy et Vuattoux[44], à la suite de celle de Michel Bozon[45], montre que les pratiques numériques entrent dans une continuité des comportements qui, auparavant, prenaient d'autres formes. La socialisation prenant aujourd'hui place à travers Internet (messages, réseaux sociaux, jeux en ligne…) qui n'est qu'une extension des modes de sociabilité qui précédaient l'arrivée d'Internet. Il n'y aurait pas de réelle rupture. La chambre fermée à clé s'est substituée à l'espace digital. S'il est évident que les pratiques numériques comprennent des risques nouveaux et des défis éducatifs spécifiques, il est important de ne pas surestimer les changements que cela représente notamment vis-à-vis de nos vécus adolescents pas si différents. À ce propos, la découverte de la pornographie s'inscrit également dans une continuité. Les jeunes n'ont pas attendu Internet pour

44. Yaëlle Amsellem-Mainguy et Arthur Vuattoux, *op. cit.*
45. Michel Bozon, *op. cit.*

trouver le moyen de consulter des contenus pornos. C'est la facilité d'accès, la masse et la diversité des contenus disponibles qui marquent l'époque que nous vivons actuellement, et non l'accès à la pornographie elle-même.

**En pratique**

*Discutez avec vos enfants de leurs usages d'Internet, des écrans et du numérique. Intéressez-vous à leur utilisation tout en respectant leur intimité. Rappelez-vous qu'un simple téléphone sert à des usages très divers et que lorsque vos enfants semblent rivés sur cet objet unique, ielles sont en réalité dans beaucoup d'activités différentes. À partir d'un certain âge, respectez les usages et l'intimité liés à leurs appareils électroniques. Apprenez-leur également à respecter l'aspect privé de vos appareils. Les interfaces numériques sont des objets privés sur lesquels se trouvent des informations que nous n'avons pas toujours envie de partager avec nos enfants, nos parents ou nos partenaires. Rappelez à vos enfants que leur petit copain ou leur petite copine n'ont pas le droit d'exiger l'accès sur leur téléphone et qu'il s'agit de leur sphère privée. Proposez-leur de mettre un code d'accès afin de protéger leurs appareils. Créez, au besoin, des sessions sur l'ordinateur familial afin que chacun·e puisse avoir un accès à soi. Fixez ensemble les règles de l'usage des écrans et réévaluez ces règles en fonction de leur âge et de leur besoin grandissant d'autonomie. Donnez-leur confiance en elleux et faites-leur confiance. Apprenez-leur ainsi à gérer de manière autonome et progressive leur consommation numérique.*

## Réalité du monde de la pornographie

Il est délicat de parler de façon uniforme et unanime du *monde de la pornographie* tant il s'agit d'un monde hétérogène. Des vidéos sur demande des *camgirls* en passant par les productions plus standard et les films dits amateurs, voire carrément des films se réclamant de la pornographie éthique et féministe ou militante, le monde de la pornographie est loin d'être monolithique et homogène. Certaines formes de pornographie échappent même aux réflexions liées à la production et à la diffusion d'images, notamment les formes littéraires, audio, théâtrales…

Le travail du sexe est marginalisé. Il est parfois interdit, toujours stigmatisé. Cela entraîne de nombreuses difficultés pour les travailleurs et travailleuses du sexe à faire valoir un certain nombre de droits et à obtenir des choses indispensables à l'exercice de leurs pratiques, même dans les contextes où il est légal. Par exemple, les productions de films pornographiques ont de grandes difficultés à obtenir des éléments aussi essentiels et fondamentales que des assurances ou des comptes en banque de la part d'entreprises qui ne souhaitent pas être assimilées à cette industrie. Financer la production tient également de la gageure. Dans de nombreux pays, dont la France, la pornographie ne peut pas bénéficier d'aides à la production de la part de l'État. Que l'État ne subventionne pas la production de pornographie peut sembler aller de soi. Cela mérite cependant d'être questionné. Pourquoi l'État exclut-il les films ayant pour objectif d'exciter le public, mais soutient-il des projets ayant pour objectif d'autres sensations ou émotions ? En quoi l'excitation sexuelle devrait-elle être mise à la marge, sans que cela éveille notre questionnement ? Car cela a de lourdes conséquences sur les conditions de production et notamment sur celles de travail des équipes. Cela a aussi un impact sur la qualité des films, largement critiquée, et à raison. Et cela réitère l'idée que la sexualité est un domaine qui ne mérite pas notre attention et qui doit rester dans l'ombre.

Cette inscription structurelle de la pornographie à la marge du reste a le lourdes répercussions sur les conditions de production. Cela paraît normal : mettre des bâtons dans les roues aux personnes qui participent à la production pornographique semble même quelque chose de positif, c'est d'ailleurs une politique en soi. Puisque la pornographie est « une mauvaise chose », elle est indéfendable et elle doit être combattue. Il ne saurait y avoir une « politique culturelle de la pornographie ». Cependant, cet état de fait engendre des situations désastreuses. Il faut prendre le porno au sérieux pour lutter contre les abus au sein de l'industrie et réguler l'accès des jeunes à des contenus qui ne sont pas de leur âge. Les politiques actuelles participent à rendre les conditions de tournage et de travail plus difficiles qu'auparavant et à appauvrir la qualité des contenus. Elles sont les architectes de ce qu'elles critiquent : un porno sexiste et de mauvaise qualité, produit dans des conditions de plus en plus précaires et dont la diffusion semble impossible à réguler.

La stigmatisation dont fait l'objet l'industrie pornographique a des impacts terribles sur l'ensemble des personnes travaillant dans ce domaine. Les conditions de travail dans la pornographie sont régulièrement pointées du doigt, et la pression mise notamment sur les actrices est dans le viseur de nombreux discours, qui, paradoxalement, contribuent à rendre ces conditions de travail toujours plus difficiles. Car la stigmatisation représente une vraie violence à l'encontre des pornstars. Celles-ci peinent à échapper au *slutshaming*[46] et *stigmat de putain* en tant que travailleuses du sexe particulièrement visibles et identifiables. Il s'agit d'un poids extrêmement lourd lié à la manière dont ce travail est perçu et jugé socialement, notamment à travers une vision sexiste et un double standard[47] encore très présent quand il s'agit de sexualité féminine. Ce poids vient s'ajouter aux difficultés liées au travail lui-même et représente une violence sexiste en soi qui frappe très durement les femmes qui sortent des règles morales convenues de décence, de respectabilité et de pudeur. Et, paradoxalement, les personnes qui condamnent la pornographie parce qu'elle serait sexiste et dégradante envers les femmes participent à cette stigmatisation, à entretenir l'idée que le travail du sexe n'est pas un travail honnête et que les femmes ayant des pratiques sexuelles présentées dans le porno sont moins respectables. En somme, dire que les actrices pornos sont réduites à des objets ou à « des trous[48] », c'est réifier l'idée que la sexualité

46. Slutshaming signifie « honte à la salope » et désigne les attitudes qui consistent à stigmatiser les femmes sur la base de leur sexualité, prêtées ou avérées, et, par extension, à tout un panel de comportements (manière de s'habiller, consommation d'alcool, liberté de langage...) Coline de Senarclens, *Salope ! Réflexion sur la stigmatisation,* Vevey, éd. Hélice Hélas, 2014.
47. Évaluation différente du même comportement en fonction de la personne. Par exemple, un homme vs une femme qui cumule les partenaires sexuels.
48. On pouvait lire cela sur la page Instagram d'un groupe féministe en septembre 2023.

ne peut être que le domaine des hommes, que seuls les hommes peuvent désirer et apprécier le sexe et que la seule sexualité non avilissante pour les femmes est pénétrative, au sein du couple et sans caméra[49].

Quand on parle de la réalité de la pornographie, on discute généralement des conditions de travail des actrices (et, dans une moindre mesure, des acteurs). En tant que travail du sexe, l'activité des actrices pornos s'inscrit dans un large débat. Et, de ce fait, ce débat est important puisque si certaines conditions ne sont pas respectées et si elles sont, par exemple, contraintes, il ne s'agit plus de travail, mais de viol, d'exploitation sexuelle ou de traite d'être humain. C'est pourquoi il est fondamental d'assurer que les personnes qui réalisent une performance dans des films à caractère pornographique le font d'une manière libre et autodéterminée. À ce titre, les attaques en justice contre certains producteurs de porno sont à prendre au sérieux et ces violences ne doivent jamais être banalisées[50]. En outre, la question des conditions de travail (salaires, conditions sanitaires, respect des lois et règles en vigueur dans le milieu) demeure également essentielle, comme elle l'est dans tous les domaines, et tout particulièrement dans les métiers précaires par la forme des contrats, la difficulté de faire respecter la loi, etc. La reconnaissance de la pornographie et du travail du sexe est, à ce titre, un combat de longue date, allant dans le sens d'une meilleure protection des personnes exerçant ce métier et d'une plus grande capacité d'agir des professionnel·le·s. Les travailleuses du sexe s'expriment en faveur d'une régulation de leur activité, seule mesure permettant une garantie de leurs droits et de leur sécurité et non d'une politique d'interdiction ou de pénalisation.

On pense généralement que la production porno brasse beaucoup d'argent. C'est le cas dans certaines situations, mais qui demeurent très marginales. L'écrasante majorité des productions

---

49. Béatrice Damian-Gaillard et Florian Vörös, « Pornographie : la dérive autoritaire du HCE », *Mediapart*, 27 septembre 2023, https://blogs.mediapart.fr/florian-voeroes-et-beatrice-damian-gaillard/blog/270923/pornographie-la-derive-autoritaire-du-hce.

50. « Accusations de viols : "Jacquie et Michel", "French Bukkake"… Le porno rattrapé par la justice », *Marianne* 15 juin 2022.

est une affaire de petits sous. Aujourd'hui, les budgets des films pornos sont généralement très bas (quelques dizaines de milliers d'euros en moyenne) et très peu rentables, ce qui a un impact autant sur les conditions de travail que sur la qualité des productions. Ça peut paraître étonnant si l'on considère le succès que le porno rencontre, mais uniquement si on s'arrête là. Car il suffit d'y regarder d'un tout petit peu plus près pour faire un constat rapide : le porno qui est consommé sur Internet est dans son immense majorité mis à disposition gratuitement par des plateformes de diffusion (et non de production). Les productions, elles, vivent de la vente de leurs films. Or, aujourd'hui, les films sont piratés et fournis gratuitement par des plateformes qui s'enrichissent grâce à la publicité. Les efforts pour protéger du piratage les autres domaines culturels, notamment le cinéma et la musique, n'ont pas été consentis en ce qui concerne la pornographie, et personne ne souhaite défendre cette industrie. Le résultat, c'est qu'aujourd'hui, il n'existe que très peu de régulations et les victimes de cet état de fait sont autant les personnes qui travaillent dans le milieu que les enfants qui tombent sur des contenus inadaptés à leur âge.

Il faut donc distinguer la production de la diffusion. Depuis 2004 et l'avènement des Tubes (notamment YouTube) et du téléchargement, des sites se développent afin de proposer du contenu pornographique gratuit, chargé directement par les usager·ère·s. Ces sites appartiennent à des entreprises spécialisées dans la diffusion, peu liées à la production pornographique et sur laquelle elles n'ont pas d'expertise. Ces canaux de diffusion sont surtout des expert·e·s d'Internet et de l'évasion fiscale[51] et sont, in fine, les responsables – avec les politiques et les fournisseurs d'Internet – de l'accessibilité illimitée au porno. La tendance actuelle qui consiste à responsabiliser les producteur·rice·s de contenus pornographiques vis-à-vis de leur accessibilité auprès des jeunes a quelque chose d'absurde. Premièrement, ces productions ne visent pas les enfants et ne souhaitent pas que leurs contenus leur soient accessibles et, deuxièmement, elles n'ont à

51. Ovidie, *À un clic du pire : la protection des mineurs à l'épreuve d'Internet*, Paris, éd. Anne Carrière, 2018.

l'évidence aucun intérêt à ce que leurs contenus soient distribués gratuitement par les plateformes, puisqu'elles n'en tirent aucun bénéfice. En réalité, de nombreuses boîtes de production ont mis la clé sous la porte durant les quinze dernières années à cause de cette situation et les conditions de travail, aux dires des actrices même, se sont précarisées.

## *Prendre le porno au sérieux*

Aujourd'hui, les politiques publiques considèrent globalement le porno non pas comme un objet culturel, mais comme un fléau social[52]. Cela entraîne notamment le fait que la politique culturelle n'intègre pas la question de la pornographie. Il n'existe pas de soutien à la production comme c'est le cas pour d'autres genres de cinéma et la pornographie n'est pas protégée. On peut considérer que la pornographie ne mérite pas de protection de la part de l'État pour différentes raisons, mais cet état de fait a notamment pour conséquence que la régulation autour de la pornographie est rendue impossible. Notre incapacité à empêcher les plateformes de diffuser des contenus auprès d'un public dont elles ne vérifient pas l'âge est un des effets de ce manque de prise au sérieux de la pornographie en tant qu'objet culturel.

« Nous avons le porno qu'on mérite » et actuellement sa qualité est globalement très mauvaise. Cela s'explique par le *business model* des Tubes non pas axé sur la vente (ou de manière marginale), mais sur la publicité et la fréquentation des sites. Il n'y a pas d'argent pour faire du porno et, par conséquent, le porno produit est de qualité médiocre – au regard du contenu et des conditions de travail – dans une grande majorité des cas. La question de la qualité de la production pornographique n'est pas à l'agenda des politiques culturelles, qui, de manière générale, excluent le porno de leur champ d'action. Évidemment, dans ces conditions, peu de personnes compétentes s'aventurent encore dans ce *business*

52. Florian Vörös, « Lettre de démission du Haut conseil à l'égalité entre les femmes et les hommes », *Mediapart*, 14 octobre 2022.

qui se marginalise toujours davantage et qui parfois est repris par le marché noir avec des conséquences humaines problématiques qu'on peut facilement imaginer.

**En pratique**

*Discutez avec vos enfants de culture et de production culturelle. Questionnez-les à propos des différentes plateformes, telles que YouTube. Peut-être qu'ielles regardent des vidéos d'influenceur·euse·s et connaissent déjà, grâce à cela, le* business model *des Tubes. Si vous payez pour un compte sur une plateforme de diffusion de cinéma ou de musique, essayez de savoir avec elleux comment cela permet (ou pas) la création et la production. Renseignez-vous ensemble sur la manière dont sont rémunérées les actrices et les acteurs ainsi que toutes les personnes qui participent à la création culturelle.*

*Parlez à vos enfants de l'importance de payer pour la culture et les médias qu'on consomme (y compris la pornographie). Discutez de l'impact d'Internet et de la diffusion artistique et culturelle sur les plateformes.*

*Parlez à vos enfants du problème du* slutshaming *et de la stigmatisation des travailleuses du sexe. Expliquez pourquoi l'expression «fils de pute» ne devrait pas être une insulte. Discutez avec elleux du double standard. Pourquoi une fille ayant une sexualité devrait-elle être mal vue alors qu'un garçon est valorisé quand il accumule les conquêtes? Demandez-leur ce qu'ielles pensent des acteurs et des actrices pornos. Quelle différence y a-t-il entre les deux? Que pensent-ielles de ce métier?*

*Parlez avec vos enfants de la diffusion gratuite de pornographie et de ses conséquences. Interrogez-les sur la manière dont ielles s'imaginent que cette diffusion rapporte de l'argent aux gens qui produisent ces films ou aux grandes plateformes qui les diffusent. Renseignez-vous ensemble sur le* business model *de ces plateformes.*

## Figure repoussoir

Porno est un gros mot. Il charrie un ensemble de représentations négatives implicites et fait figure de repoussoir. Cela implique que lorsqu'on parle de porno, en réalité, on n'a pas besoin d'en parler, car on sait déjà toutes et tous de quoi il retourne. La mauvaise réputation du porno remplace alors toutes les informations qu'on pourrait échanger à ce propos. Cela rend, dans les faits, la discussion difficile puisque quand on souhaite approfondir la question, on doit commencer par déconstruire tout un ensemble de considérations communément partagées.

Pour citer un exemple, en mai 2023, le chercheur Florian Vörös était interviewé dans l'émission « Les Matins du samedi » sur France Culture à propos du dernier rapport de l'Arcom en France[53]. Le journaliste introduit une question ainsi : « On connaît les conséquences désastreuses sur la construction de l'enfant de la consommation [...] de contenus pornographiques ». Le journaliste précise ainsi que nous savons, toutes et tous, que le porno a un impact « désastreux », en particulier pour les jeunes dès 12 ans, puisque c'est l'objet de l'émission. Le journaliste opère ainsi un raccourci. Ces conséquences sont implicites, elles n'ont pas besoin d'être discutées, notamment avec un expert pourtant invité à partager ses connaissances scientifiques sur le sujet.

Ce genre de formulation est moins anodine qu'il n'y paraît, car elle oriente fortement le débat sur la manière dont il s'agit de prendre en charge les nombreuses questions liées à la pornographie. Par exemple, l'éducation sexuelle et affective est plébiscitée par les expert·e·s en santé sexuelle afin de permettre aux jeunes de comprendre ce qui se joue autour des notions de consentement, de plaisir, de corporalité et de génialité. C'est un dispositif indispensable compte tenu de la consommation de pornographie dès l'adolescence. Il semble donc adéquat que l'éducation sexuelle et affective informe également les jeunes de cet aspect de la sexualité qu'est la pornographie. Or, les représentations empêchent de justifier une éducation au porno puisque cela impliquerait de reconnaître l'usage du porno comme une pratique à accompagner

53. https://www.radiofrance.fr/franceculture/podcasts/et-maintenant-le-7-9

plutôt qu'à condamner sans nuance. Malgré les chiffres sur cette consommation, les seuls discours audibles sont ceux qui dénoncent et prétendent lutter contre la pornographie – lutter moralement uniquement car dans les faits, presque rien n'est fait[54].

Il y a une vraie difficulté à parler de pornographie aujourd'hui à cause du poids moral et des représentations. Afficher un propos nuancé sur les conséquences de l'usage de la pornographie – qui, contrairement au propos du journaliste de France Culture, ne font pas l'objet d'un consensus scientifique et semblent bien moins « désastreux » que ne le laissent craindre la majorité des médias – représente un risque réputationnel important, car c'est déjà « banaliser la pornographie ». C'est d'ailleurs une difficulté à laquelle s'est heurté Florian Vörös, anciennement membre du Haut conseil à l'égalité en les femmes et les hommes (HCE). Il a démissionné en 2022 de ses fonctions auprès du conseil après avoir été mis à l'écart de son sujet d'expertise, à savoir l'éducation sexuelle à l'ère numérique et la pornographie. Son approche de sociologue, considérant la pornographie comme un média dont il convient d'étudier les usages, a été contestée au profit d'une vision qui assimile la pornographie à la violence, sans qu'un débat sur cette question ne puisse avoir lieu. Peu de temps après, la lutte contre la pornographie a été adoptée comme thème phare 2022-2024 du HCE[55]. Le problème réside ici dans le fait que la discussion n'ait pas été permise, que les expertises n'aient pas pu être reconnues et que les liens entre pornographies et violences – liens non avérés scientifiquement – aient été les seules approches permises – sous risque d'exclusion. Approcher les choses différemment – quand bien même cela est soutenu par un travail scientifique rigoureux – n'est simplement pas possible tant les cadres de pensée sur le sujet sont étroits et ne permettent pas la réflexion.

---

54. L'Arcom proposait en mai 2023 de bloquer cinq sites pornographiques en France, mais cela n'a pas été fait. En Suisse, le conseil fédéral a également refusé de prendre des mesures pour limiter l'accès aux plateformes. De manière générale, les politiques peinent à agir contre la diffusion de pornographie sur Internet accessible à tou·te·s sans distinction d'âge. Il y a donc un décalage entre les discours très alarmistes sur l'usage du porno et les actions concrètes pour lutter contre son accessibilité.
55. Florian Vöros, « Lettre de démission… » *op. cit.*

Un autre exemple du problème lié à cette figure repoussoir est la question des algorithmes sur les réseaux sociaux et sur Internet de manière générale. Le mot *porno* ou *pornographie* doit être masqué (en écrivant, par exemple, « p0rno ») sans quoi l'algorithme peut considérer cela comme « contenu explicite ». Ainsi, il n'est pas possible de discuter de pornographie sur les réseaux sociaux puisque le mot lui-même est assimilé à un contenu problématique. En plus du tabou social, la pornographie devient un tabou algorithmique. Cela pose de grandes difficultés en matière d'éducation et de santé sexuelles et de débat démocratique en général.

La figure repoussoir permet cela : prétendre que lutter contre la pornographie nous aide de lutter contre les violences sexuelles et les abus afin de ne pas avoir à affronter le débat politiquement peu aisé sur une éducation sexuelle de qualité. Il en va de même pour la lutte contre le sexisme et les discussions autour du genre dans l'éducation : les discours politiques mettant en avant les représentations sexistes de la pornographie masquent mal le peu de cas qu'on fait des représentations sexistes et la banalisation des violences sexuelles présentes dans le reste de la société – ou véhiculées par les politiques elles-mêmes.

**En pratique**

*Ne faites pas du porno un repoussoir de votre éducation. Parlez-en et questionnez les évidences. Nous l'avons vu, le mot « porno » reflète de nombreuses réalités parfois contradictoires. Interrogez-vous avec vos enfants. Si le porno vous effraie ou si vous craignez que vos enfants en regardent, parlez des raisons de vos peurs avec elleux ou avec d'autres adultes. Si le sujet vous intéresse, il existe une riche littérature et des approches notamment issues des sciences sociales fort intéressantes pour alimenter les réflexions sur nos usages du porno.*

*Saisissez-vous de la question du porno et de l'éducation sexuelle. Appropriez-vous le sujet et donnez-vous, ainsi qu'à vos enfants, le pouvoir d'agir, grâce à la connaissance, en reconnaissant les émotions et en ouvrant la discussion.*

# « La consommation de pornographie est le signe d'une sexualité introvertie.

*De nombreuses personnes utilisent la pornographie à des fins masturbatoires en parallèle d'une activité sexuelle relationnelle. Certaines personnes ont recours à la pornographie dans le cadre de leur sexualité relationnelle. L'usage de la pornographie est une composante de la sexualité qui n'exclut pas les autres.*

## « Regarder de la pornographie et se masturber n'est pas de la vraie sexualité.

*La sexualité a de nombreuses facettes. La masturbation en est une : il s'agit d'une vraie sexualité, qu'elle soit stimulée par des supports pornographiques ou non. La masturbation n'est en rien une forme secondaire ou incomplète de la sexualité. La sexualité peut avoir pour objectif de créer de l'intimité relationnelle, ou pas. À certains moments de la vie, la sexualité relationnelle est particulièrement importante, à d'autres, elle l'est moins. À d'autres moments, la sexualité solitaire prend plus de place, et c'est une forme légitime et entière de sexualité.*

# Chapitre trois

# Les usages du porno

## Pourquoi et comment regarde-t-on du porno ?

Une question demeure particulièrement paradoxale. Malgré la mauvaise réputation du porno et les dangers qu'on lui prête, nous en consommons, et beaucoup. Pourquoi ? Comment ? Qui ? Que dit de nous cette consommation de pornographie cachée, intime, parfois honteuse, presque toujours complexe et ambivalente ? Répondre à ces questions permet de comprendre notre consommation de pornographie et, parfois, de la dédramatiser. Car l'usage de la pornographie est bien souvent beaucoup plus banal que l'on ne l'imagine.

Les motifs de la consommation de pornographie ont été étudiés par Clarissa Smith, Martin Barker et Feona Attwood dans une enquête qui a regroupé 5 500 réponses[56]. L'importance attribuée au porno par les enquêté·e·s est « très limitée » (35,7 %) et « d'une certaine importance » (33,4 %). La réponse la moins fréquente est « d'une importance extrême » qui ne concerne que 5,2 % des enquêté·e·s. La fréquence de la consommation dépend de la classe d'âge : les plus de 65 ans sont les plus nombreux·euses à répondre en consommer « le plus souvent possible » (22,6 %). La majorité des enquêté·e·s, toutes classes d'âge confondues,

56. Clarissa Smith, Martin Barker, Feona Attwood, « Les motifs de la consommation de pornographie », *in* Maxime Cervulle et Florian Vörös, *op. cit.*

répondent en visionner « presque tous les jours » qui est la réponse la plus fréquente.

L'âge est également un facteur qui oriente la raison pour laquelle l'on consomme du porno. Les jeunes (moins de 25 ans) disent en regarder « quand je n'ai rien de mieux à faire », « parce que je suis excité·e », « quand je m'ennuie, quand je n'arrive pas à me détendre ou à dormir ». Les personnes de 25 à 55 ans utilisent le porno dans le cadre de leur relation de couple « pour me mettre dans l'ambiance avec mon ou ma partenaire ». Les enquêté·e·s de plus de 55 ans, quant à elleux, cherchent dans la pornographie une manière de rester dans la sexualité : « Je veux prendre part au monde du sexe », « pour renouer avec mon corps », « pour que mes désirs sexuels soient reconnus », « pour trouver des histoires qui théâtralisent le sexe » ou encore « pour voir des choses que je ne pourrais pas faire ».

Les motifs évoqués sont nombreux et en voici quelques-uns : c'est appréciable, mais ça n'a pas beaucoup d'importance dans la vie. Ça permet de gérer le stress, de procurer du bien-être ou d'aider à la concentration. Ça permet d'intensifier le plaisir (aussi bien seul·e qu'en relation). C'est un loisir à part entière, aussi bien le fait d'en regarder que d'en produire. C'est un palliatif d'une sexualité insatisfaisante (notamment chez les personnes d'un certain âge). Ça renforce la sexualité dans le couple. C'est une exploration et une affirmation de son identité (notamment pour les personnes LGBTIQ+). C'est un centre d'intérêt scientifique en tant que travail sur la sexualité. C'est une expérience esthétique comme les autres, au même titre qu'un bon repas ou une pièce de théâtre, non différenciée des autres petits plaisirs de la vie.

Cette diversité des réponses et des motifs montre que l'utilisation de la pornographie répond à des besoins ou des stratégies diverses en fonction des étapes de la vie et des situations. Ainsi, le porno peut être identifié comme un moyen de lutter contre l'ennui et le stress, mais également de légitimer sa sexualité dans des périodes où la sexualité relationnelle est en perte de vitesse ou inexistante.

Les enquêtes qualitatives auprès des jeunes mettent également en exergue une grande diversité dans les motivations et les usages de la pornographie. Ces usages varient d'un individu à l'autre, en fonction du genre, de l'âge et de la classe sociale. Le rapport des jeunes au porno est aussi hétérogène que ne l'est le groupe des «jeunes». Ce rapport s'inscrit dans l'ensemble des pratiques numériques liées à l'entrée dans la sexualité et ne peut ni être conclue de manière arrêtée, ni être séparée d'autres pratiques[57].

**En pratique**

*Discutez avec vos enfants des différentes raisons pour lesquelles les gens consomment du porno. Rappelez-vous que s'intéresser à la pornographie peut avoir de nombreuses motivations et que cela concerne la majorité de la population: s'intéresser au porno et avoir envie d'en regarder n'a rien d'anormal ou de honteux. Certaines personnes aiment ça, d'autres pas.*

*Ne projetez pas vos propres représentations du porno sur l'usage que peuvent en faire les autres et en particulier les jeunes. Les jeunes utilisent le porno dans leur entrée dans la sexualité, à des fins masturbatoires, pour voir des pratiques sexuelles, des corps, et se renseigner, pour expérimenter leurs désirs et leurs fantasmes.*

*Ne posez pas de questions directes ou indiscrètes à vos enfants sur leur éventuel usage de pornographie. Dites-leur simplement que s'ielles ont des questions ou ont besoin de parler de ça, c'est possible (avec vous, avec des proches ou avec des professionnel·le·s). Ciblez éventuellement des personnes de confiance qui pourraient répondre à leurs questions ou mettez à leur disposition des adresses de centres de santé sexuelle.*

## Une consommation genrée

Les réponses données dans les enquêtes sur la consommation de la pornographie varient beaucoup en fonction du genre des enquêté·e·s[58]. Les femmes sont plus nombreuses à répondre que la pornographie a une importance limitée dans leur vie ou pas

57. Yaëlle Amsellem-Mainguy et Arthur Vuattoux, *op. cit.*, p. 55.
58. Clarissa Smith and all, *op. cit.*

d'importance du tout. À l'inverse, les hommes sont plus nombreux à répondre que le porno revêt pour eux une importance extrême. La fréquence de l'usage est également genrée. Les femmes regardent moins souvent de la pornographie (elles ne sont que 22,5 % à en consommer « presque tous les jours » contre 66,5 % des hommes). Le type de consommation diffère également. Les femmes sont plus nombreuses à se rendre sur des sites spécialisés, à consommer de la pornographie littéraire, à consulter des blogs sexuels et des sites « érotiques ».

Un autre élément notable de l'usage genré du porno est que si les hommes utilisent largement le porno comme mode d'expression de leur excitation sexuelle, les femmes utilisent souvent le porno comme moyen d'excitation ou de retrouver leur désir et leur sexualité. Les hommes visionnent davantage de porno parce qu'ils sont excités alors que les femmes en regardent pour s'exciter.

Chez les jeunes, cette composante genrée marque fortement l'usage de la pornographie. Chez les jeunes garçons, la découverte de la pornographie est en lien avec la découverte de la masturbation. Elle est considérée comme un marqueur, une étape dans l'entrée individuelle vers la sexualité, hors du relationnel. La composante sociale et de construction de l'identité de genre s'avère importante dans ce contexte. Les jeunes garçons parlent de pornographie et de sexualité entre eux et leur initiation à cette découverte de la sexualité a souvent lieu entre pairs dès la puberté[59]. Ce n'est pas le cas des filles pour lesquelles la découverte de la sexualité est plus souvent liée à une expérience relationnelle, amoureuse ou affective. La masturbation arrive plus tard, et la découverte de la pornographie est également plus tardive et passe souvent par un visionnage en couple, avec un partenaire[60]. En outre, elles parlent peu de cela entre elles. Cette « socialisation à la sexualité » est liée à une histoire des rôles de genre. Alors que les garçons sont invités à expérimenter la sexualité et à s'y initier (aujourd'hui par la masturbation, autrefois grâce à des travailleuses du sexe), les filles lient encore largement

59. Michel Bozon, *op. cit.*
60. Michel Bozon, *op. cit.*

leur entrée dans la sexualité à la sentimentalité et à la relation. Les garçons développent ainsi une autonomie sexuelle et un imaginaire érotique individuel, en plus d'une connaissance de leur corps. Ceci leur donne une autonomie que ne développent les filles que plus tardivement et dans une moindre mesure. Il est à noter que si les garçons s'initient entre eux à l'usage de la pornographie, ils initient également les filles au sein des relations amoureuses. Si l'âge du premier coït varie peu entre les filles et les garçons aujourd'hui[61], le rapport que les garçons entretiennent avec la masturbation et la pornographie leur donne toujours une longueur d'avance en matière de connaissances et d'expérience. Cette dissymétrie des savoirs contribue aux rapports de pouvoir de genre[62] présents entre les filles et les garçons au moment de l'entrée dans la sexualité.

Les chercheur·euse·s précisent que le genre peut avoir un effet sur les réponses données – qui ne reflètent pas toujours la réalité – et que les études présentent elles-mêmes des biais. Les différences genrées observées dans ces enquêtes peuvent aussi bien être l'effet d'un double standard et d'une certaine performativité de genre – souvent à l'œuvre quand on parle de pornographie[63]. Cela encourage à mener des enquêtes qualitatives et à creuser les réponses données.

**En pratique**

*N'ayez pas peur du genre. Le genre est un élément structurant de la sociabilisation et de la découverte de la sexualité. On cherche à éduquer ses filles et ses garçons de la même manière et c'est très bien. Cependant, vis-à-vis de la pornographie et de l'éducation sexuelle, il est parfois important de pointer des sujets spécifiques.*

61. Ce qui n'était pas le cas il y a 70 ans, les femmes étant initiées à la sexualité relationnelle plus tard que les hommes.

62. Yaëlle Amsellem-Mainguy et Arthur Vuattoux, *op. cit.*, p. 141 ; Yaëlle Amsellem-Mainguy, Constance Cheynel, et Anthony Fouet, « Entrée dans la sexualité des adolescent(e)s : la question du consentement » (INJEP Notes & rapports, 1er août 2015).

63. Yaëlle Amsellem-Mainguy et Arthur Vuattoux, *op. cit.*, p. 65.

*Différenciez deux types de sexualité dans la conversation: la sexualité relationnelle – interdite aux enfants jusqu'à l'adolescence, les enfants n'étant pas en mesure de consentir à une sexualité relationnelle – et la sexualité solitaire. La sexualité solitaire ou masturbation est une partie importante et légitime de la sexualité. Elle permet de s'autonomiser vis-à-vis de son plaisir sexuel, de connaître son corps et de développer son imaginaire. Elle n'est pas une forme secondaire ou subalterne de sexualité, elle en fait partie intégrante. Il n'y a pas de honte à se masturber.*

*Évoquez la légitimité de la masturbation, particulièrement présente chez les personnes pourvues d'une vulve puisque le plaisir féminin est encore largement absent de la manière dont on établit un script de ce qu'est la sexualité relationnelle. La masturbation féminine favorise la découverte de son anatomie et notamment de son clitoris. Cette connaissance du corps donne des outils pour discuter de ce que l'on aime et de quelle façon il faudrait nous donner du plaisir lors d'une sexualité relationnelle. Cela s'avère donc primordial pour la santé sexuelle, pour permettre une discussion autour de la sexualité au sein des couples et in fine autour du consentement.*

*Rappelez à vos enfants que la sexualité est un lieu de plaisir et de bien-être. C'est important, car le plaisir sexuel n'est pas seulement une affaire de plaisir sexuel. Insistez sur le fait que la sexualité est un lieu de plaisir, c'est donner un signal clair, surtout aux filles: si votre sexualité ne vous fait pas plaisir, c'est peut-être qu'il y a un problème, et vous avez le droit de dire stop. Savoir ce qu'on aime et être en mesure de l'exprimer clairement, c'est un outil indispensable pour identifier ce qu'on n'apprécie pas. Donner de la place et de la légitimité au plaisir, c'est donner de la place au dialogue et au consentement.*

## Une consommation active et critique

L'enquête de Clarissa Smith a mis en lumière qu'il est rare que les gens tombent par hasard sur de la pornographie, et ce, tous âges confondus. Cette information est essentielle, car cela montre que, contrairement à ce qu'on entend beaucoup, les jeunes ne sont pas «exposés» passivement et victimes de la pornographie: ielles la recherchent activement. Le terme «exposition à la pornographie» est questionné par les chercheuses qui se sont amusées à comptabiliser cette formulation dans des publications britanniques. Je ne me suis pas prêtée à l'exercice, mais les récentes publications françaises sur le sujet font également le choix du terme «exposé» à la pornographie, mot qui relève davantage du parti pris que de la réalité de la consommation. Cela n'empêche pas de questionner l'accessibilité à la pornographie à tout âge alors qu'elle est interdite au moins de 16 ou 18 ans selon les pays. Cependant, il faut rester lucide sur le fait que les jeunes, quand ielles tombent sur de la pornographie sur Internet, c'est dans la majorité des cas parce qu'ielles l'ont cherchée. La curiosité, notamment en matière de sexualité et d'excitation, est normale et elle dénote d'une envie de découverte qu'il s'agit de prendre en considération[64]. Si les jeunes se rendent volontairement sur des sites pornographiques, ne leur prêter aucune capacité d'agir et les cantonner au rôle de victimes passives serait faux et peu opérant. Interroger leurs motivations, leurs attentes, leurs besoins et leur esprit critique s'avère plus constructif.

Les jeunes qui regardent du porno le font de manière active, et ont du pouvoir d'agir. Ielles ne sont pas passif·ve·s devant ces images qu'ielles ne prennent ni au premier degré ni comme un documentaire sur la réalité de la sexualité[65]. Nous sommes tou·te·s, dès l'enfance, habitué·e·s à différencier la fiction de la réalité et nous avons une large expérience et des compétences en la matière. Cela nous permet d'ailleurs de leur faire confiance et de les laisser regarder des contenus quand bien même ils ne reflètent pas la réalité ou nos valeurs. Si les films pornos ne sont pas adaptés aux jeunes avant un certain âge, ce n'est pas parce qu'ils ne reflètent pas la réalité, mais parce qu'ils traitent du sujet de la sexualité génitale qui ne les concerne pas. Les enfants distinguent très bien ce qui est vrai de ce qui est fictif, et l'âge

64. C'est un message clair des chiffres concernant la consommation du porno chez les jeunes.
65. C'est le résultat de nombreuses études, notamment celle de Yaëlle Amsellem-Mainguy et Arthur Vuattoux, *op. cit.;* Michel Bozon, *op. cit.;* Clarissa Smith *and all, op. cit.*

suggéré ou légal n'est pas évalué en fonction du réalisme des contenus.

D'autres études[66] s'intéressant spécifiquement aux jeunes expliquent qu'une partie d'entre elleux, en particulier avant l'âge de 14 ans, visionne de la pornographie de manière involontaire et que ces images les dérangent parfois (et parfois pas). Si cela montre la diversité des résultats rencontrés suivant la méthodologie engagée, et donc, la prudence dont il faut faire preuve face aux chiffres, il ne faut pourtant pas négliger que certains enfants voient du porno – qu'ielles l'aient cherché ou pas – et en sont dérangés. Tous les enfants sont différents, et les contenus divers peuvent provoquer des réactions variables. Il est important que le lien de confiance et le sentiment de sécurité permettent à celleux qui en ont besoin de s'adresser à des adultes de confiance afin de pouvoir en parler sans honte et sans risque de se voir vilipender. Nos émotions, dans ces cas-là, doivent passer au second plan afin d'être à l'écoute et dans l'accueil[67].

**En pratique**

*Développez l'esprit critique de vos enfants dès le plus jeune âge vis-à-vis des médias et de la culture. Regardez des films et des dessins animés ensemble et donnez de la place à la discussion. Montrez-vous partie prenante de leur consommation médiatique, culturelle et vidéoludique. Accompagnez-les et discutez de ce qu'ielles aiment et trouvent critiquable même dans les contenus qu'ielles apprécient. Questionnez-les sur ce qu'ielles pensent de votre propre consommation médiatique et culturelle, vous serez peut-être surpris·ses de constater qu'ielles posent également un regard critique sur nos propres pratiques. Rappelez-vous que les jeunes aussi se montrent critiques*

66. Smahel, D., Machackova, H., Mascheroni, G., Dedkova, L., Staksrud, E., Ólafsson, K., Livingstone, S., and Hasebrink, U. (2020). EU Kids Online, 2020: Survey results from 19 countries. EU Kids Online. Doi: 10.21953/lse.47fdeqj01ofo

67. En cas de souffrance, n'hésitez jamais à faire appel à un·e professionnel·le, votre pédiatre ou à des centres de santé sexuelle. Vous trouverez des ressources dans le chapitre dédié.

*et prennent de la distance avec ce qu'ielles regardent. Tous les outils que nous donnons à nos enfants en ce qui concerne l'esprit critique leur seront utiles pour prendre du recul vis-à-vis des contenus pornographiques.*
*Faites confiance à vos enfants et n'oubliez pas qu'ielles ont le pouvoir d'agir et savent analyser ce qu'ielles voient. Aiguisez ces outils avec elleux. Rappelez-leur que ce n'est pas parce qu'on aime quelque chose que cette chose ne peut pas être critiquée, cela leur apprendra à être attentifs aux biais de confirmation. Nous regardons tou·te·s des contenus critiquables et nous sommes en mesure de les apprécier tout en les questionnant, c'est normal et c'est O.K.*
*Évitez à tout prix de montrer du mépris ou de la condescendance envers ce qu'ielles consomment. Vous n'avez certainement pas les mêmes goûts que vos enfants – c'est normal – et le lien de confiance et de complicité autour de la consommation culturelle est important. D'ailleurs, regardez ce qu'ielles regardent, écoutez-les, jouer parfois avec elleux, cela pourrait vous surprendre !*
*Créez un climat de confiance qui permettra à vos enfants de venir vous trouver s'ielles consultent des contenus – pornographique ou pas – qui les choquent ou les dérangent. Indiquez à vos enfants que ce que nous voyons peut parfois nous bouleverser et que ce n'est pas leur faute. À ce titre, évitez de les priver d'écran s'ielles vous avouent avoir vu des contenus qui ne sont pas adaptés à leur âge ou qui les ont gêné·e·s. Ielles pourraient alors vous le cacher à l'avenir si cela était amené à se reproduire quand bien même ielles auraient besoin de vous. Préférez une discussion ouverte sur ce qui les a bouleversé·e·s. Qu'est-ce qui produit chez elleux des émotions négatives et pour quelles raisons ? Comment permettre à ces images ou à ces contenus de ne pas les marquer négativement à long terme ? Ce qui compte avant tout, c'est le climat de confiance qui vous permet de rester à leurs yeux des personnes-ressources (rendez-vous au chapitre « en parler et comment » pour plus de détails à ce sujet).*
*Si vous sentez que vos enfants sont fortement marqués par des contenus, prenez contact avec votre pédiatre ou avec les professionnel·le·s de la santé psychologique de votre établissement scolaire, qui pourront vous aider.*

## L'excitation

Une des motivations principales à l'usage de la pornographie est l'excitation sexuelle. La production pornographique elle-même vise, dans la majorité des cas, à nous exciter. Quand on a dit ça, on a tout dit, et pourtant c'est fondamental de le rappeler puisque cette question se trouve souvent absente des débats sur le porno. On prête un ensemble d'effets au porno, mais l'effet principal et recherché, c'est bien celui-là : l'excitation sexuelle, laquelle a de nombreuses vertus.

S'exciter sexuellement permet d'atteindre plus facilement le plaisir et l'orgasme, que ce soit dans une sexualité relationnelle ou solitaire. Les effets positifs du plaisir sexuel sur la santé ne sont plus à prouver – aide à combattre le stress, l'anxiété et l'insomnie, c'est un antidépresseur, il améliore le bien-être et l'estime de soi, diminue les douleurs... Au-delà de ça, le plaisir, eh bien, c'est du plaisir ! Et on aime le plaisir ! Être en mesure d'être excité·e sexuellement est donc quelque chose de positif.

Il y a de nombreuses manières d'atteindre l'excitation sexuelle. Les contenus pornographiques en sont une. Ils sont utilisés aussi bien dans le cadre de la sexualité relationnelle que dans la sexualité solitaire, car ils sont très efficaces pour de nombreuses personnes. En ce sens, la pornographie représente une ressource pour les couples ou les individus. Comme il existe un large panel de contenus pornographiques, regarder du porno est une manière d'apprendre ce qui nous excite et peut stimuler l'imagination. Connaître ses fantasmes – et par opposition ce qui ne nous excite pas – s'avère utile. Et, d'ailleurs, peut-être que le porno ne nous excite pas, car si certain·e·s l'apprécient, d'autres s'en désintéressent totalement ou n'aiment pas ça.

S'exciter sexuellement avec du porno n'est pas un problème en soi. L'important est de garder à l'esprit qu'il s'agit d'une ressource parmi d'autres, qu'elle ne remplace pas l'imaginaire et qu'elle est un simple support à la sexualité. La pornographie est un sex-toy, rien de plus. Et puis, il est important de faire la différence entre excitation sexuelle et plaisir sexuel. Ce qui nous excite et ce qui nous apporte du plaisir sont des choses différentes. Cette distinction reste importante si on souhaite poser un regard serein sur l'usage de la pornographie.

**En pratique**

*Discutez avec vos enfants de sexualité. Expliquez ce qu'il se passe dans le corps quand on est excité (érection du pénis, sécrétions de la vulve et érection du clitoris...): ces clés de compréhension sont importantes pour comprendre ce qu'il se passe dans leur corps.*

*Rappelez que les signes d'excitation physique ne sont pas volontaires et n'ont pas de lien avec le désir, le plaisir et a fortiori le consentement. Une personne peut exprimer des signes physiques d'excitation hors d'un contexte sexuel ou dans des situations de contrainte: cela ne signifie pas qu'elle ait envie. Une érection ou des sécrétions et même du plaisir sexuel ne sont pas des signes de consentement.*

*Face à la pornographie, les émotions peuvent être ambivalentes. Une scène peut provoquer en même temps de l'excitation et du dégoût ou de la gêne. Les signes d'excitation ne veulent pas dire qu'on a envie de faire ce que nous voyons ni que cela nous plaît. Cela n'est pas vrai uniquement pour le porno: certaines situations peuvent susciter une certaine excitation sexuelle, ce qui ne signifie pas qu'on soit excité par ce que l'on voit ou ce que l'on vit. Le corps donne parfois des réponses en montrant des signes d'excitation sexuelle alors que la situation ne s'y prête pas, c'est normal et ça arrive à tout le monde.*

*Expliquez à vos enfants que l'excitation peut venir de différentes manières. L'imagination, des sons, des odeurs, des images peuvent nous exciter. Il n'y a pas de bonnes ou de mauvaises façons de s'exciter, du moment que la règle du consentement mutuel et éclairé est respectée. Rappelez-leur qu'ielles ont la vie entière pour découvrir ce qui les excite et développer leur imaginaire et qu'il est normal, quand on découvre la sexualité, de tâtonner et de se poser des questions. Il n'y a pas de honte à être excité·e sexuellement, c'est normal et ça fait partie de la vie. Quand cela arrive à des moments inadéquats, il ne faut pas trop se faire de soucis. Ça passe et chacun·e connaît ça un jour.*

## Source d'information

Les jeunes regardent de la pornographie pour s'informer sur la sexualité, c'est ce qui ressort de l'enquête d'Amsellem-Mainguy et Vuattoux[68]. Le porno répond à un besoin en matière d'informations. Il est vrai que si l'on souhaite voir des corps, des pénis et des vulves, des fellations et d'autres pratiques, la pornographie est un lieu facilement accessible et, de fait, efficace. Et le porno est également une source d'information pour savoir ce qu'est… le porno, ce qui semble passablement intéresser les jeunes. Cette curiosité n'est pas inquiétante en soi, elle est normale et même souhaitable à un moment où l'on découvre la sexualité. Il est cependant évident que cette source d'information « visuelle » doit être mise en perspective avec d'autres sources d'information sur la sexualité tant il est vrai que le porno n'est pas un support d'éducation à la vie sexuelle et affective et que, si c'est en regardant du porno qu'on apprend à faire l'amour, on s'expose à un certain nombre de déconvenues et de risques.

Il faut cependant contrebalancer le phénomène de « l'éducation sexuelle par la pornographie », car s'il est vrai que le porno est cité comme une source d'information par les jeunes, ce n'est pas la seule et elle n'arrive pas en tête de liste[69]. Les jeunes naviguent avec beaucoup d'aisance à travers les outils à leur disposition pour s'informer, notamment en matière de sexualité. Dans ce cadre, Amsellem-Mainguy et Vuattoux, à la suite d'autres chercheur·euse·s, proposent de ne pas séparer les recherches via la pornographie des autres recherches numériques d'informations. Qu'elles passent par des *chats* entre pairs, les réseaux sociaux, des sites, des influenceur·euse·s, des podcasts ou des articles, l'immense diversité des sources d'information et la surprenante agilité avec laquelle les jeunes naviguent entre elles[70] devraient nous rassurer et nous réjouir. Une éducation sexuelle de qualité rend cette navigation encore plus sereine, pour les jeunes et pour nous.

Cette recherche d'informations au travers de la pornographie est particulièrement identifiable auprès des jeunes LGBTIQ+, car les schémas présents dans la culture mainstream invisibilisent encore largement les désirs qui ne se reconnaissent ni dans

68. Yaëlle Amsellem-Mainguy et Arthur Vuattoux, *op. cit.*
69. Michel Bozon, *op. cit.*, p. 129.
70. Anne Cordier, *op. cit.*

l'hétérosexualité ni dans la binarité. Il est plus difficile pour les jeunes LGBTIQ+ de trouver des réponses aux questions que pose leur entrée dans la sexualité et la pornographie peut représenter une ressource importante, notamment parce qu'elle ne nécessite pas de s'ouvrir sur son orientation sexuelle auprès de son entourage et peut être utilisée dans l'intimité. L'usage de pornographie peut également constituer une affirmation de son identité pour les minorités et permet de déstigmatiser des désirs et des affects minoritaires.

L'éducation sexuelle et affective est actuellement attaquée par certains milieux conservateurs et religieux et des mouvements de type conspirationniste, notamment parce qu'elle propose de discuter de l'orientation sexuelle et l'identité de genre. La croyance, encore forte, selon laquelle parler d'homosexualité ou de transidentité pourrait pousser les jeunes à « devenir » LGBTIQ+ pousse certains groupes politiques à vouloir invisibiliser cette question – puisque d'après elleux, être LGBTIQ+, est un problème. Cette violence à l'égard de l'éducation sexuelle – qui est allée jusqu'à entraîner des actes de vandalisme en Belgique – rend le travail des éducateur·rice·s compliqué. Dans ce contexte, l'enjeu de l'accès à une information de qualité sur la sexualité à l'attention des jeunes LGBTIQ+ doit être pris au sérieux dans un contexte où – faut-il le rappeler – l'accès à la santé sexuelle est un droit pour tou·te·s et la discrimination envers les personnes LGBTIQ+ est interdite.

À titre de matériel informatif, le porno est considéré comme un outil par les usager·ère·s elleux-mêmes. Pourtant, il est indéniable que le porno ne peut pas être confondu avec un cours d'éducation sexuelle. Ce fait constitue la source d'une inquiétude de la part des parents et de la société de manière générale, qui craint que le porno ne soit confondu avec « la vraie sexualité ». Nous l'avons vu, ce n'est pas le cas. Les jeunes font fort bien le tri. Cependant, qu'il me soit permis ici de pointer du doigt une incohérence présente dans certains discours qui, dans le même temps, fustigent le porno comme une source d'information dangereuse, sexiste et immorale, et qui, dans le même temps, tentent par tous les moyens de contrer les mesures en faveur de l'égalité homme-femme ou vis-à-vis des orientations sexuelles et identités ou d'une expression de genre et d'une éducation sexuelle et affective de qualité[71]. L'intérêt marqué des jeunes pour la pornographie montre que la sexualité est au centre de leurs questionnements. Faire comme si cela n'existait pas tout en condamnant sans appel l'utilisation de la pornographie est une incohérence coupable. Cela renvoie à une consommation cachée, empreinte de honte et de tabou, bien plus dangereuse pour les jeunes et leur sexualité en développement que l'usage de la pornographie.

Si l'on considère que la pornographie n'est pas une source d'information fiable sur la sexualité, on ne peut faire l'économie d'en proposer une de qualité et qui répond aux besoins des jeunes. Et si l'on regrette que les jeunes s'informent sur des sites pour adultes, il s'agit d'un aveu d'échec de notre système d'éducation sexuelle, qu'il s'agit de renforcer. Oui, les jeunes ont une sexualité. Faire semblant que ça n'est pas le cas pour des raisons morales ou parce que nous avons nous-mêmes un problème avec la sexualité, c'est faire fi de nos responsabilités.

**En pratique**

*Acceptez et reconnaissez l'intérêt légitime des ados pour la sexualité. Arrivé·e·s à l'adolescence, les jeunes s'intéressent de manière croissante à la sexualité, un thème qui devient de plus en plus central dans leurs préoccupations. Rendez-vous disponible ou identifiez des personnes-ressources pour répondre aux questions pour accompagner ce besoin d'information.*

*Parlez à vos enfants de l'existence de la pornographie et rappelez-leur qu'il s'agit de cinéma. « On n'apprend pas à conduire en regardant* Fast and Furious, *on n'apprend pas le sexe en regardant du porno. » Tenez à leur disposition des manuels d'éducation sexuelle tels que le guide* Hey You

71. J'ai participé en septembre 2023 à une journée d'étude sur l'éducation sexuelle où un groupe politique « anti-éducation sexuelle » était présent et affichait une opposition morale à la fois à l'usage de la pornographie à des fins informatives et à la fois à la diffusion de matériel informatif sur les corps et la sexualité. Il s'agit d'un déni particulièrement incohérent de la sexualité des jeunes qui, on le sait, amène à des grossesses non désirées, des épidémies d'IST et favorise les abus.

*de Santé Sexuelle Suisse ou le fascicule* Mon Sexe et moi, *édité par l'Université de Genève. Ces différents matériaux sont disponibles sur Internet et peuvent être commandés en ligne (cf. Ressources).*
*Rappelez-vous que vos enfants utilisent Internet pour s'informer, notamment sur la sexualité, et que, grâce à vous, ielles acquièrent une agilité à naviguer avec les différents contenus. Faites-leur confiance et donnez-leur confiance en montrant de l'intérêt et de la curiosité pour ce qu'ielles regardent et pour leur support informationnel. L'usage informationnel qu'ielles font du porno s'inscrit dans le continuum de l'information en général. Accompagnez-les afin de développer leur esprit critique et leur confiance en leur jugement.*
*Parlez à vos enfants d'affectivité dès le plus jeune âge sans supposer leur hétérosexualité. Rien ne nous permet d'affirmer l'orientation sexuelle de nos enfants et supposer l'hétérosexualité par défaut peut avoir des effets négatifs sur leur perception de leur affectivité naissante. Permettez-leur de comprendre dès la prime enfance qu'il n'y a pas de hiérarchie entre les orientations affectives et sexuelles. Permettez-leur de se poser les questions sur leur orientation affective de manière libre. Si vous êtes les heureux parents d'enfants LGBTIQ+, tenez à leur disposition du matériel d'information inclusive sur la sexualité. Les centres de santé sexuelle et les associations LGBTIQ+ sont des ressources qu'il ne faut jamais hésiter à solliciter. Des personnes qualifiées, ouvertes et formées à la discussion sont là pour vous aider et répondre à vos interrogations.*

## Porno au masculin

Ce qu'on appelle le porno mainstream et qu'on trouve largement sur Internet est un contenu produit par des hommes hétéros cisgenres pour des hommes hétéros cisgenres. C'est un matériel qui vise à mettre en scène les fantasmes des hommes et dans lequel, le regard porté sur les désirs est celui des hommes. C'est ce qu'on nomme le *male gaze*[72], le regard masculin, et il est

72. *Male gaze* veut dire regard masculin (d'un point de vue hétéro) sur les femmes, donc des femmes vues à travers le prisme des désirs des hommes.

particulièrement central dans le porno tant l'orientation sexuelle et le genre sont des composantes fondamentales de la construction du « récit » pornographique. Cela a de nombreuses conséquences sur le contenu et certainement sur ce qu'il provoque chez le public.

Les scripts des films pornos sont bien souvent axés sur l'excitation et le plaisir masculins. Les femmes sont alors des vecteurs de cette excitation et de ce plaisir (cela ne veut pas pour autant dire que cela soit « dégradant[73] » pour les femmes, car être vecteur de plaisir n'est pas dégradant en soi). C'est ce qu'on appelle l'objectification des femmes : au lieu d'être sujet et de ressentir – le plaisir et le désir en l'occurrence – la présence des femmes est là pour susciter le plaisir et le désir des hommes. Elles sont des objets du désir et utilisées pour le plaisir des hommes, au lieu d'être sujet. Leur désir et plaisir, en général mis en scène de manière très manifeste, ne sont pas au centre du récit. Il sert le récit du désir masculin.

Malgré cet état de fait, les femmes regardent du porno mainstream. Leur désir et leur plaisir passent certainement en partie par le regard des hommes auxquels elles s'identifient. Cela a pour conséquence que le désir et le regard masculins deviennent « neutres ». Et cela s'explique assez facilement : être une femme et désirée est une gageure : la stigmatisation et les violences sont monnaie courante. S'imaginer homme, s'imaginer désirée et jouir comme un homme simplifient beaucoup les choses, cette sexualité semble tellement plus simple, tellement plus satisfaisante.

---

Les féministes plaident pour un *female gaze*, soit une production culturelle (et pourquoi pas pornographique) à travers les yeux et les désirs des femmes. À ce propos, écoutez « Male gaze, ce que voient les hommes, Les Couilles sur la table », Binge Audio, 2023.

73. On entend beaucoup que l'image des femmes dans le porno est dégradante. Cela est certainement vrai, mais cela est également une lecture du porno à travers le prisme d'un ordre du monde dans lequel une femme sexualisée est vue comme une femme qui a moins de valeur (dégradée). Il faut être prudent·e avec ce genre de discours qui réifie cet ordre social. Une femme sexuellement active, quelles que soient ses pratiques, ne doit pas être vue comme dégradée. Réduire les personnages féminins dans le porno à « des trous », comme ça se lit parfois dans des publications féministes, c'est en soi une violence envers les femmes.

D'ailleurs, dans de nombreux pornos, on présente des personnages féminins au désir exempt des barrières habituelles : elles veulent du sexe, le disent, en font et jouissent. C'est le fantasme : des partenaires accessibles, désirantes, sans tabou, à la sexualité immédiate. En réalité, de nombreuses femmes souhaiteraient cela aussi : désirer et jouir simplement (en dominant[74]). Ces personnages féminins ont finalement une manière d'aborder la sexualité très masculine. La question est parfois posée avec ironie, le porno ne présenterait-il pas des personnages masculins avec des corps de femme ?

Le porno mainstream est un produit fait par des hommes pour des hommes. Il fait la part belle au pénis, à la pénétration et à l'éjaculation et laisse presque totalement de côté le plaisir clitoridien. Les femmes s'en accommodent et regardent, elles aussi, du porno. Cela questionne l'influence que cela a sur les fantasmes et notre sexualité. Une étude de l'université de Lausanne montre que, paradoxalement, le porno réussit mieux aux femmes[75]. Plus les hommes visionnent du porno, moins ils seraient « à la hauteur » sexuellement. C'est le contraire chez les femmes : plus elles en consomment, plus elles se sentent compétentes et épanouies sexuellement et moins elles rapportent des problèmes fonctionnels, comme des difficultés à atteindre l'orgasme. Ce n'est pas très étonnant, puisque le porno parle de plaisir et de désir masculin et qu'il ne traite presque pas du plaisir féminin. Pour les chercheurs, le porno influence davantage les hommes que les femmes dans leur confiance en eux, puisqu'il s'adresse à eux. Les chercheurs eux-mêmes mettent cependant en avant le fait que l'influence de la pornographie reste modeste et qu'elle

74. Juliette Roguet, dans son étude « Jouir de l'exotisme, Sociologie des séducteurs professionnels de touristes au Pérou », 2021, montre que les femmes qui s'extraient de certains rapports de domination, notamment en voyageant dans des endroits où elles bénéficient de privilèges (raciaux et économiques) abordent la sexualité de manière beaucoup plus satisfaisante. Sortir des rapports sociaux de genre est sexuellement épanouissant. « Séducteurs professionnels, Les Couilles sur la table », Binge Audio, consulté le 20 décembre 2023.

75. Nicolas Sommet et Jacques Berent, « Porn Use and Men's and Women's Sexual Performance: Evidence from a Large Longitudinal Sample », *Psychological Medicine* vol. 53, n° 7, mai 2023 : 3105-14, https://doi.org/10.1017/S003329172100516X.

s'inscrit dans un ensemble de représentations et de savoirs sur la sexualité et les rapports de genre. Le porno est une des composantes de nos modèles culturels sur la sexualité et les scripts qui la régissent. Ces mêmes chercheurs appellent d'ailleurs à ne pas moraliser les savoirs sur la pornographie.

**En pratique**

*Questionnez le* male gaze. *Ce point de vue masculin n'est pas présent uniquement dans le porno, mais aussi dans l'ensemble de la culture. Interroger cela, notamment en famille, quand on regarde des films, qu'on lit des histoires, ou qu'on visite une exposition de peinture, donne des outils pour comprendre ce qu'il se joue derrière la création artistique et la mainmise historique que les hommes avaient dessus.*

*Discutez avec vos enfants de la place des femmes dans le cinéma et la création artistique. Parlez-leur du* male gaze *(le point de vue masculin) et du* female gaze *(le point de vue féminin). Donnez-leur des outils pour appréhender ce qui se joue en fonction du point de vue et de la narration.*

*Pistes pour questionner le point de vue masculin :*

*Qui tient la caméra ? Qui parle ? Qui parle de qui ?*

*Les personnages féminins sont-ils là pour l'expérience masculine ou pour leur expérience propre ? Leurs émotions sont-elles au centre du récit ? Ces personnages sont-ils présentés à travers les yeux de protagonistes masculins ou à travers leurs yeux à elles ?*

*Quand le désir est mis en scène – y compris dans des dessins animés pour enfants où c'est très fréquent*[76] *– qui désire qui ? Montre-t-on le désir féminin ?*

*Expliquez à vos enfants que le porno est fait par des hommes pour exciter des hommes et que ce qui est mis en scène dans le porno ne donne généralement pas beaucoup de plaisir aux femmes. Pour apprendre à donner du plaisir à une vulve, le porno n'est pas un exemple à suivre – le porno est rarement un exemple à suivre. Apprenez-leur ce qu'est le clitoris en tant qu'organe du corps et du plaisir*

76. Wolfie (Tex Avery) n'est qu'un exemple de personnage dont les yeux sortent littéralement de sa tête quand une protagoniste féminine – généralement sexualisée – apparaît, dont la fonction se limite généralement au désir qu'elle suscite.

*(aux filles comme aux garçons) et qu'il est aussi important que le pénis dans un rapport sexuel. Rassurez-les : faire l'amour s'apprend tout au long de la vie et la performance n'est pas un but en soi. Encouragez-les à toujours discuter de ce qu'ielles veulent faire ou ce qu'ielles aiment avec leur partenaire : il n'y a qu'en demandant qu'on apprend ce qui fait plaisir à l'autre, et cette conversation n'est pas taboue ! Montrez en quoi ce point de vue masculin est le résultat d'une société structurée autour de la domination des hommes sur les femmes, domination qui s'exprime également dans la sexualité (dont le porno est une caricature). Expliquez que cette domination masculine a notamment pour effet que les hommes sont légitimes dans leurs désirs – désirs largement encouragés et stimulés par une culture qui désigne les femmes comme des objets de ces désirs et selon cette perspective narrative – alors que le désir des femmes est invisibilisé, voire nié, et souvent stigmatisé.*

## « Regarder de la pornographie est le signe d'une sexualité insatisfaisante.

*À tout moment de la vie, quelles que soient les relations que l'on a, la masturbation et l'usage de la pornographie répondent à des besoins spécifiques. La sexualité relationnelle et les pratiques masturbatoires n'entrent pas en conflit. Regarder du porno alors qu'on est en couple n'est pas un signe indiquant que le couple ne va pas bien ou que la sexualité relationnelle n'est pas satisfaisante.*

## « Si mon/ma partenaire regarde du porno, ielle souhaite certainement faire avec moi ce qu'ielle voit dans les films.

*Le fantasme et la pornographie occupent une certaine place dans notre sexualité. Les pratiques et les désirs en occupent une autre. Le porno est un lieu d'exploration parfois extrême de nos fantasmes sexuels. Cela ne veut pas dire que les personnes qui regardent du porno aimeraient nécessairement faire ce qu'ielles voient dans leur sexualité relationnelle. Certains fantasmes restent de l'ordre de l'imaginaire et n'ont pas vocation à être réalisés (notamment parce que certains fantasmes ne sont pas réalisables pour des raisons pratiques ou légales – j'adorerais passer une nuit avec Roger Federer, mais je doute que cela soit possible, que je le souhaite ou non. Ça ne m'empêche en rien de fantasmer, et Roger n'a rien à craindre de moi). Si vous vous questionnez sur les désirs de votre partenaire, posez-lui la question, sans jugement. Si votre partenaire a envie de faire des choses qui ne vous plaisent pas, dites-le et discutez-en.*

# Chapitre quatre

# Et nous, les parents ?

## Se donner de la place

Le tournant du XXIe siècle est marqué par un abandon progressif d'un contrôle parental restrictif sur l'entrée dans la sexualité des jeunes adolescent·e·s. Les institutions qui cadraient jusqu'ici la sexualité (famille, église…) lâchent progressivement du terrain et les jeunes s'autonomisent vis-à-vis de leur entrée dans la sexualité[77]. Parallèlement, les nouvelles technologies de l'information et de la communication deviennent centrales dans les sociabilités adolescentes et notamment autour de la sexualité. Que ce soient les applications de rencontre, les moyens de communication et de partage d'images, les réseaux sociaux et la mise en scène de soi ou les plateformes de contenus pornographiques, Internet et le monde numérique bousculent les usages. Cela fait peur. Et c'est normal.

Nous, les parents, les adultes, voyons nos enfants prendre de l'autonomie avec leur entrée dans l'adolescence et observons ces nouvelles pratiques numériques dont nous ne connaissons pas tout. Cela entraîne des émotions : de la peur, de l'angoisse, de la colère, du mépris… Quand ces nouvelles pratiques croisent l'entrée dans la sexualité, quand la question de la sexualité s'invite, cela ne facilite pas les choses. Notre propre rapport à la sexualité n'est ni parfaitement lucide ni décomplexé, avouons-le.

77. Michel Bozon, *op. cit.* p. 130.

Nous sommes, et c'est normal, influencé·e·s par de lourdes croyances morales, des tabous et des hontes. Tout ça fait beaucoup. Beaucoup d'émotions. Or, en tant que parents, on se targue d'être rationnels et d'être guidés par des connaissances (qu'on n'a pas quand il s'agit du numérique) et la raison (qu'on n'a pas quand on est sous le coup de l'émotion).

Ce que je propose ici, c'est qu'avant d'aller regarder ce qui se passe chez les jeunes (qui entrent dans la sexualité – qui visionnent du porno, qui jouent à des jeux vidéo, qui passent leur temps sur TikTok/rayez la mention inutile), c'est de regarder ce qui se passe chez nous, les adultes. Pour être à même d'offrir un espace de sécurité et de stabilité à nos enfants qui découvrent leur autonomie (notamment sexuelle), il faut commencer par scanner ce que cela vient évoquer en nous, ce que cela vient questionner dans nos croyances, nos valeurs, et… nos émotions.

## Alignons-nous

Pour être à même d'avoir une discussion avec ses enfants à propos de sexualité et de porno, il faut être soi-même tranquille avec le sujet. Or, c'est difficile de l'être, et c'est normal. La sexualité est un sujet complexe, mal compris, dont on parle relativement peu. Et le porno, c'est pire.

Vous êtes vous-même peut-être consommateur·rice plus ou moins occasionnel·le de porno. Statistiquement, si vous êtes un homme, c'est très probable, et si vous êtes une femme, ce ne serait pas étonnant. La majorité des gens consomment de la pornographie de manière plus ou moins régulière, et c'est O.K. Êtes-vous détendu·e vis-à-vis de cette consommation ? Vous sentez-vous coupable ? Trouvez-vous cela honteux ? Si oui, pour quelle raison ? De quoi avez-vous besoin pour être aligné·e vis-à-vis de cette consommation ? Cette petite réflexion peut être salutaire.

Nous avons un rapport complexe avec la sexualité. C'est qu'on revient de loin ! Au XIX^e siècle, pour être acceptable, la sexualité devait avoir pour objectif la procréation dans le cadre du mariage. Toutes les autres pratiques étaient considérées comme « perverses ». Aujourd'hui, des pratiques comme la fellation, la sodomie, l'usage des sextoys et les rapports homosexuels sont présentées comme

« issues de la culture porn[78] ». Les formes de sexualité non pénétratives et non conventionnelles continuent d'être considérées comme des formes au mieux secondaires, au pire, violentes ou problématiques de la sexualité. Il en va de même pour l'usage de la pornographie. Laquelle semble poser un problème en soi.

Il peut être utile, pour aborder sereinement et légitimement sa propre sexualité, ses propres désirs et fantasmes, de se rendre compte de ce que le chemin est semé d'embûches morales. La sexualité a bien plus à offrir qu'un script éculé et prescriptif et notre imaginaire s'avère riche. Et c'est compliqué d'assumer des désirs qui contreviennent à des croyances fortes concernant ce qui est une *bonne* sexualité et une *mauvaise* sexualité. Il persiste de forts cadres normatifs, et nous naviguons avec ça. En prendre conscience permet de se rendre à soi-même ce que l'on se doit : de la place et de la légitimité. En matière de sexualité, tout est O.K du moment que c'est mutuellement consenti, et une sexualité épanouie, c'est important. Nous méritons d'avoir une sexualité chouette et libre, qui nous convienne et qui nous ressemble, et aucun jugement ne devrait être posé là-dessus, ni par soi-même ni par les autres.

Et quand bien même… Les désirs et les fantasmes ne répondent pas à la rationalité. Les traumas et l'histoire qui nous constituent peuvent participer à construire ces fantasmes qui sont parfois violents, sexistes, incompatibles avec nos valeurs et avec nos comportements (on ne peut pas tout réaliser, et heureusement). Le dire, c'est utile, mais si nos fantasmes sont complexes, le système qui régit nos hontes et notre culpabilité l'est également. Aussi, il ne suffit pas de se dire « c'est O.K. » pour cesser de culpabiliser et d'avoir honte, et c'est normal. Dans une société très normative sur la sexualité, il nous est indispensable de faire avec les paradoxes, dont certains attraits pour la pornographie se révèlent constitutifs. Rappelons-nous que nos émotions ne sont pas des faits objectifs et qu'elles ne nous définissent pas. Chacun·e d'entre nous compose avec ses émotions (dont la honte et la culpabilité) comme ielle le

78. Étude Ifop pour MonPetitVPN, réalisée par un questionnaire auto-administré en ligne du 15 au 18 septembre 2023 auprès d'un échantillon de 3 014 personnes, représentatif de la population française âgée de 18 ans et plus.

peut et/ou le souhaite, et si ce livre invite clairement au dialogue et à briser certaines normes, cela ne doit pas non plus devenir une injonction supplémentaire. C'est normal d'être mal à l'aise avec le porno, et c'est aussi O.K. de ne pas être O.K.

Le sexe est compliqué à gérer : c'est quelque chose qui peut nous donner beaucoup de plaisir, qui a des bienfaits sur le moral et sur le corps et qui peut nous apporter beaucoup en matière d'épanouissement. Cependant, le jugement moral qui le touche est, lui aussi, très fort. Le sexe, c'est génial et « grave ». Le porno, c'est pareil : on adore ça (la preuve ; on en regarde énormément), ça marche très bien sur beaucoup de gens, ça permet d'explorer ses fantasmes, de se masturber, d'intensifier ses orgasmes, de se changer les idées, de se détendre… et c'est un « danger », un « fléau », c'est obscène, violent, immoral… De quoi développer des sentiments ambivalents vis-à-vis de sa propre sexualité, et de sérieusement remettre en question son estime de soi : pourquoi j'apprécie tant un truc vu comme aussi dégueulasse ? Pourquoi je suis excité·e par ce que beaucoup dénoncent comme des contenus « dégoûtants » ? Suis-je moi-même dégoûtant·e ? Ma sexualité est-elle problématique ? Si en tant que femme, j'aime le porno, alors qu'on dit tant qu'il oppresse les femmes, suis-je moi-même une femme opprimée ? Est-ce que j'aime la violence ? Et en tant qu'homme, est-ce que ça fait de moi un homme violent ?

Le rapport que nous avons avec le porno exige une dose indispensable d'hypocrisie. Il est difficile d'assumer tout haut qu'on aime ça, alors on en visionne en privé et, publiquement, on se tait ou on le condamne. Il est certain que le porno concerne une part de notre intimité sur laquelle il convient de garder une certaine discrétion dans de nombreux contextes. Il en va de même pour notre sexualité en général. Ce qui importe, c'est que cette dualité entre ce qu'on désire/ce qui nous excite/nos pratiques et ce qu'on assume publiquement ne s'ancre pas également en nous. De soi à soi, être aligné·e vis-à-vis de ses désirs et de ses envies, quand bien même elles sont non conventionnelles[79], c'est important et légitime.

Nos émotions (excitation, gêne, honte, dégoût, colère…) influencent le regard que nous portons sur l'entrée de nos ados

79. La seule règle encore et toujours : le consentement.

dans la sexualité, ainsi que le rapport qu'ils ont avec la pornographie. Dans mon activité de coach spécialisée dans le domaine de la sexualité, du couple et de la famille, j'ai rencontré des parents très inquiétés par le rapport qu'entretient leur enfant avec l'écran et les médias numériques. Ielles sont allés jusqu'à consulter des professionnels de l'addiction. Ce qui est ressorti de tout ça, c'est que l'enfant allait très bien et que sa consommation d'écrans et de médias s'inscrivait dans ses propres stratégies pour se divertir, apprendre, se concentrer… et que c'est le regard et les émotions des parents qui étaient en jeu. Ce qu'ielles percevaient comme un danger parlait de leurs émotions, de leurs peurs et de leurs valeurs. C'étaient elleux, en réalité, qui avaient un problème avec les écrans. Je cite cet exemple pour montrer qu'il est important de comprendre ce qui se joue en nous, et de parler pour nous-mêmes, avec nos émotions qu'il convient de reconnaître. C'est la base indispensable d'une discussion *avec* nos enfants – par opposition à une leçon que nous ne saurions donner à nos enfants quand nous parlons en réalité avec nos émotions. En tant que parent, on porte souvent un regard normatif sur les comportements de nos enfants sans remarquer que derrière ce regard se rejouent des normes auxquelles nous ne souscrivons pas nous-même, mais qui nous influencent néanmoins. C'est vrai pour les loisirs (on préfère que ses enfants lisent des livres plutôt qu'ielles regardent une série, quand bien même on regarde soi-même plus de séries qu'on ne lit de livres) et c'est vrai pour la sexualité. C'est pourquoi cet alignement sur nos émotions et notre propre sexualité est un prérequis utile pour discuter de sexualité avec nos enfants.

**En pratique**

*Questionnez vos émotions en lien avec la sexualité et la pornographie. Comment vous positionnez-vous vis-à-vis de cela, non pas d'un point de vue des valeurs ou de la morale, mais du point de vue des émotions? Si vous en regardez ou que vous en avez regardé, qu'est-ce que cela provoque chez vous? Comment vous sentez-vous vis-à-vis de cette consommation? À quel besoin répond-elle? Cela vous pose-t-il un problème?*

*Si vous n'en regardez pas ou n'en avez jamais regardé, avez-vous apprécié d'autres sources de contenus érotiques ou excitants ? Si oui, qu'est-ce que cela a provoqué chez vous ? Comment vous positionnez-vous vis-à-vis de ça ? Avez-vous peur ou êtes-vous gêné·e à l'idée de visionner de la pornographie ? Pour quelles raisons ? Quelles sont les émotions que cela suscite chez vous ?*
*Rappelez-vous que les émotions peuvent parfois être pénibles, mais que ce ne sont que des émotions et non des faits objectifs. Ces émotions sont le fruit d'une longue histoire dans laquelle les valeurs et la morale font encore leur chemin dans notre corps et notre psyché. Vous n'êtes pas vos émotions et vous ne pouvez sûrement pas les maîtriser complètement. Accueillez-les, observez-les et composez avec elles. C'est complexe, c'est normal et c'est O.K.*
*Qu'il s'agisse de sexualité ou de porno, il peut être intéressant d'en parler entre adultes. En couple notamment. Parlez-vous, ensemble, de masturbation ou de pornographie ? La sexualité est un sujet intime et légitime. Parlez-vous de sexualité avec vos ami·e·s ? Ou de porno ? Avec votre famille ? Et aujourd'hui que vous êtes vous-même adulte, avec vos parents ? Avec un·e professionnel·le ? Et, bien entendu, vous savez que si vous n'avez pas envie de parler de ce sujet, c'est également tout à fait normal et O.K.*
*Avez-vous discuté en couple ou entre parents de l'éducation à la pornographie vis-à-vis de vos enfants ? Avez-vous un lieu pour échanger sur ce sujet entre pairs, en cas de besoin, afin de vous approprier le sujet et de faire se rencontrer vos idées, vos valeurs et vos avis sur la question ? C'est un sujet légitime pour tout parent, il pourrait être intéressant de créer des espaces de sécurité pour en parler et échanger sans jugement.*

## Différence entre valeurs et morale

En tant que parents, nous transmettons des valeurs à nos enfants. Ces valeurs, qui méritent d'être identifiées et clarifiées pour nous-mêmes, sont indispensables pour être alignées sur nos comportements. Certaines valeurs, notamment religieuses, mais pas uniquement, posent les bases en matière de sexualité. La fidélité et l'exclusivité conjugales, par exemple. Il est cependant intéressant de nous demander si nos comportements ou nos jugements sont guidés par nos valeurs ou par une morale établie. Les valeurs, ce sont les nôtres, elles varient d'un individu à l'autre. La morale, c'est un cadre, un ordre transmis plus largement dans la société. Questionner la morale, c'est se l'approprier et faire siennes ses valeurs. Pour reprendre la fidélité conjugale, par exemple, est-ce que je suis fidèle et exclusif parce que j'y ai réfléchi et qu'il s'agit d'une valeur importante pour moi, ou est-ce que je l'applique, en quelque sorte par défaut, une règle morale tacite parce que j'ai appris que c'était cela qu'il convenait de faire pour être bien en couple?

Transmettre ses valeurs à ses enfants, c'est leur donner de l'espace pour développer leurs propres valeurs. C'est leur donner des outils pour développer leur charte personnelle. Parfois, ce ne sont pas nos valeurs que nous transmettons, mais un cadre moral que nous peinons à questionner. Par exemple, dans le cas de la consommation de pornographie, il est possible que vos valeurs profondes vous empêchent d'en regarder, et cela est tout à fait valable. Ce sont vos valeurs. Vous pouvez les partager avec vos enfants et en discuter. Qu'est-ce qui vous pose un problème dans le porno, et pourquoi? Vous donnez ainsi à vos enfants une base pour réfléchir au rapport qu'ils ont avec la pornographie. Cependant, il est vite fait de déraper et de transmettre en réalité des considérations morales: «regarder du porno, c'est mal» ou «c'est dégoûtant». Le problème est qu'alors, on instaure un cadre rigide qui, s'il entre en contradiction avec les valeurs et les comportements de vos enfants, risque de les mettre en porte-à-faux. «Je suis excité·e par le porno, mais c'est mal/dégoûtant. Qu'est-ce que ça dit de moi? Je suis mauvais·e, je suis dégoûtant·e.»

Pour être en mesure de discuter de sexualité et de pornographie avec ses enfants, il est important de clarifier soi-même ses propres valeurs vis-à-vis de cela. Dans mon cas, par exemple, les valeurs que je souhaite transmettre à mes enfants dans le cadre de leur éducation sexuelle et affective et d'une éventuelle consommation de pornographie sont celles de l'égalité, du consentement mutuel et éclairé et de la liberté[80]. Ces valeurs sont d'ailleurs des éléments importants de mon éducation au-delà de

80. Je ne parle pas ici de liberté individuelle, mais d'émancipation des normes et des stéréotypes. Je voudrais que mes enfants aient la vie sexuelle et affective

l'éducation sexuelle et j'essaie de les transmettre à travers mes comportements et ma relation avec la personne avec qui je les élève. J'essaie de ne pas me laisser guider par les règles morales et de tout questionner avec eux afin de leur donner les outils pour comprendre le monde dans lequel ils grandissent. Je constate cependant que je suis parfois guidée par des normes et des émotions, comme quand je trouve qu'ils regardent des choses stupides sur les écrans ou quand leur chambre est mal rangée. Et c'est assez utile de m'en rendre compte, ça me permet de me demander si le problème réside vraiment dans leur comportement ou si cela parle plutôt de moi.

### En pratique

*Posez-vous ces questions. Discutez-en éventuellement avec la ou les personnes avec qui vous élevez vos enfants, ou avec vos propres parents et adelphes[81].*

*Quelles sont les valeurs qui m'ont été transmises, et avec lesquelles ai-je rompu ou voudrais-je rompre ? Qu'est-ce qui m'aurait été utile, enfant, afin de construire mes propres valeurs ? Qu'est-ce que mes parents m'ont donné ou ne m'ont pas donné d'utile pour une entrée sereine dans la vie et dans la sexualité ? Qu'est-ce qui me permet, aujourd'hui, de définir quelles sont mes valeurs et quels sont les cadres et les croyances dont je suis héritier·ère ?*

*Qu'est-ce que je considère le plus important pour une vie sexuelle saine ? Pour que mes enfants soient des gens bien, qu'est-ce que je pense devoir leur transmettre, notamment dans le champ de la sexualité ? De quoi serais-je fier·ère si je parvenais à éduquer mes enfants selon mes valeurs ? A contrario, qu'est-ce qui me choquerait ? Sur quoi souhaiterais-je les responsabiliser ?*

---

qui leur convienne et non fondée sur des règles implicites ou des schémas communément admis.

81. Frères et sœurs.

## Nos peurs

La pornographie inquiète de nombreux parents. Mes enfants sont-ils en danger ? Quels risques courent-iels s'iels regardent de la pornographie ? Quel effet cela pourrait-il avoir sur leur sexualité naissante ou à venir ? Ces peurs sont légitimes et elles méritent des réponses raisonnables et des pistes qui donnent du pouvoir d'agir.

Aujourd'hui, il n'y a pas de réponse unanime à la question « le porno nous influence-t-il ? » Il n'y a pas de consensus scientifiques autour des effets de la pornographie[82]. Si une large littérature scientifique existe sur la question, les réponses sont loin de converger vers la même conclusion. L'état actuel des connaissances, contrairement à ce que nous pourrions croire, ne montre pas que la pornographie a des effets négatifs sur nous, nos comportements ou notre santé – notamment sexuelle. En réalité, cette question est davantage au centre d'un débat idéologique que scientifique. Il est important de dire cela, afin de nous rassurer, notamment en tant que parents.

Notre consommation médiatique et culturelle nous influence. Il ne faut cependant pas surestimer ce rôle dans la construction de ce que nous sommes. Nous ne sommes pas sans filtre, et ne reproduisons pas tout ce que nous voyons, lisons et entendons ni n'y adhérons forcément. Nous sommes des êtres médiatiques, cela fait partie de l'ensemble de ce qui nous constitue, et notre éducation, nos valeurs, nos croyances jouent aussi et sûrement davantage dans la formation de notre identité et de nos comportements.

La culture – et notamment le porno – est le reflet de la société. De même que le reste des objets culturels, le porno parle de la société dans laquelle nous vivons et est influencé par celle-ci. La culture évolue avec la société, les technologies, l'économie et les politiques. Le porno fait de même.

82. Florian Vörös, « Les ados et le porno : analyse d'une controverse », *La Santé de l'Homme*, n° 418, mars-avril 2012.

## *Vous n'êtes pas les premier·ère·s à vous poser ces questions*

La question du porno et des jeunes est ancienne, puisque, déjà au XIXe siècle, les élites jugeaient dangereuses les images obscènes pour les populations considérées comme vulnérables, soit les jeunes, les femmes, les classes populaires et les populations colonisées, incapables selon elles de gérer ces images par manque de maturité. Si au XIXe siècle, la pornographie restait le privilège d'une certaine élite et son usage pouvait être relativement maîtrisé, les nouvelles technologies brisent aujourd'hui ce monopole qu'avaient les hommes adultes d'une certaine classe sociale sur l'usage du matériel pornographique. La question de la jeunesse est très présente dans les discours à propos du porno, notamment autour des conséquences négatives qu'aurait le porno sur le développement sexuel et affectif, mais également sur les rapports de genre et sur les comportements violents, entre autres.

La question des effets dangereux du porno sur la jeunesse n'est pas posée d'une manière équivalente à d'autres supports culturels, parfois violents. Nous ne nous inquiétons pas, par exemple, des effets sur la jeunesse de *Cyrano de Bergerac* qui tue cent hommes dans la première scène de la pièce. *James Bond* ou *Braveheart* ne suscitent pas les mêmes inquiétudes non plus. A contrario, les jeux vidéo et les animés ont suscité et suscitent encore des discours similaires, ce qui montre que les nouvelles technologies et le manque de maîtrise des codes culturels de la part des adultes jouent certainement autant ou davantage que les contenus eux-mêmes.

Ce qui différencie le porno du reste de la culture, c'est qu'il montre de la sexualité explicite. Ce critère justifie, dans certains discours, qu'il soit traité à part, comme un objet en soi. À ce titre, il ne serait pas comparable au reste de la production culturelle. En réalité, pour comprendre les effets de la pornographie, il est important de le replacer dans le cadre d'une consommation culturelle plus large. La pornographie n'intervient pas seule et isolée, elle fait partie d'un ensemble de représentations (dont elle est elle-même également le produit) que l'on retrouve dans le reste de la culture, mais également dans les médias, les discours, l'histoire, la religion, etc.

Les jeunes qui consultent de la pornographie dans le cadre de leur entrée dans la sexualité ne l'isolent elleux-mêmes pas des autres consommations culturelles et informationnelles autour de la sexualité. L'entrée dans la sexualité numérique, les questions liées à l'orientation sexuelle, aux attirances et aux désirs se font via de nombreux médias, dont la pornographie, mais également les séries et le cinéma, la littérature, les contenus théoriques et informatifs… La pornographie, en ce sens, participe à l'ensemble des rapports que les jeunes ont avec la sexualité numérique et n'est pas isolée ou spécifique[83]. Elle s'intègre dans le rapport général qu'ils ont avec le numérique et avec les médias culturels, aussi bien dans ses usages que dans ses effets.

Isoler la pornographie du reste de la production culturelle a pour effet de penser le rapport que les jeunes ont avec la sexualité, le sexisme et les violences à travers ce prisme unique, devenu figure repoussoir, et de ne pas se poser plus largement la question de la présence du sexisme et de la violence dans la culture et dans la société en général. Penser, par exemple, l'effet qu'a la pornographie sur le sexisme chez les jeunes ne peut raisonnablement se faire sans penser les autres médias et discours qui influencent les rapports de genre, et notamment les exemples qu'ielles observent non pas dans le porno, mais au sein de leur propre famille. Plutôt que de s'interroger sur les conséquences de la seule consommation de pornographie, cela pousse à interpréter ses usages et sa réception sur le sujet au sein d'un cadre plus large. Cela permet de se questionner sur la manière dont la culture, la société, l'éducation et les valeurs familiales nous influencent. La pornographie fait partie d'un tout, et expliquer les comportements par cette seule variable paraît plutôt hasardeux.

Un exemple m'amuse particulièrement: celui de l'épilation intégrale qui semble nous inquiéter et indiquer une influence du porno sur les jeunes filles et le rapport qu'elles ont avec leur corps. Les normes et les injonctions en matière de pilosité et d'épilation des corps féminins sont particulièrement prégnantes

83. Ansellem-Manguy et Vuattoux, *op. cit.*, p. 94.

dans notre société, présentes jusqu'à l'absurde absolument partout[84], et les réactions parfois violentes vis-à-vis des poils apparents (aux jambes, sous les aisselles ou autour du maillot) sont normalisées. Ainsi, si une femme se présente à la piscine avec des poils qui dépassent du bikini, il ne serait pas étonnant de trouver cela indécent (cela équivaut à faire apparaître son pubis et cela entraîne une lecture morale). La norme impose donc aux femmes de s'épiler pour apparaître en public en maillot de bain. Cependant, quand l'épilation est intégrale, la norme est dépassée et l'interprétation morale est alors portée sur l'hypersexualité des pubis sans aucun poil. Il est tout à fait possible que le porno influence les comportements en matière d'épilation génitale, mais il est hypocrite et dénote d'une paresse intellectuelle de faire porter au seul porno le problème : les prescriptions acceptables (la bonne épilation) sont complètement normalisées et omniprésentes, mais les prescriptions jugées déviantes (la mauvaise épilation) seraient *pornographiques*. Il serait positif de questionner les normes en matière d'épilation, mais alors il convient de le faire de manière globale et pour toutes les injonctions en la matière. Il est problématique que les femmes pensent que leurs poils pubiens sont « sales » ou « laids », qu'ils se situent au niveau de l'aine ou des lèvres. La norme qui impose aux femmes l'épilation est la même, qu'elle vienne de la publicité ou du porno.

**En pratique**

*Appropriez-vous le sujet de la pornographie, pour vous-même, d'une part, et pour être à même d'en parler avec vos enfants au-delà des réactions émotionnelles, d'autre part. Que pensez-vous, vous-même, du porno ? Et pourquoi ? Qu'est-ce qui vous effraie dans l'idée que vos ados puissent en venir à regarder du porno ? Comment pouvez-vous répondre à ces peurs ? Vos craintes ou vos difficultés sont légitimes. Elles peuvent être explorées de manière que ce ne soit pas elles qui prennent toute la place dans la conversation.*

84. On se souviendra des personnages féminins de la série *Lost*, perdus sur une île déserte, mais toujours parfaitement épilés, par exemple.

*Rassurez-vous. Il n'y a pas de consensus autour des effets néfastes du porno sur les jeunes. De nombreux discours idéologiques forcent le trait, il faut les prendre avec distance et critique. Les médias reprennent souvent en gros titre des chiffres pour leur effet sensationnaliste, mais les études scientifiques sont loin d'être unanimes sur la question*[85]*. Le plus important, pour votre bien-être en tant que parent et pour être à même d'offrir un dialogue sur le sujet, est que vous puissiez vous approprier la question. Vous avez le pouvoir d'agir. Faites-vous confiance et faites confiance à vos enfants. Qu'avez-vous envie de leur dire sur la pornographie ?*

*Montrez l'exemple. Si vous souhaitez que vos fils respectent les femmes, exigez d'être respectée et respectez les femmes vous-même. Ne banalisez jamais le sexisme, dans aucun contexte. Questionnez le sexisme présent dans les médias, le cinéma, la musique, dans la culture, aussi bien classique que contemporaine. Questionnez les attitudes sexistes ou violentes des personnalités publiques et ne banalisez jamais les violences sexistes ou sexuelles, que ce soit dans le porno ou le fait de célébrités. Parlez-leur de la culture du viol qui minimise, romantise ou érotise les violences sexuelles. Vous voulez un exemple ? Dans* Star Wars épisode V : l'Empire contre-attaque, *Han Solo embrasse la Princesse Leia alors qu'elle lui a dit non à plusieurs reprises et cela est présenté de manière romantique. Cette scène fait passer le fait d'outrepasser les limites d'une personne comme un acte romantique : c'est cela, la culture du viol. Nous adorons* Star Wars, *et cela ne nous empêche pas de nous montrer critiques et d'identifier la culture du viol quand elle s'exprime dans nos films culte. Discutez de la manière dont la société et la culture dialoguent. Observez ensemble de quelle façon les représentations évoluent au fur et à mesure du temps dans la culture et en quoi cela en dit long sur l'évolution de la société. Racontez à vos enfants les comportements qui existaient et qu'on imagine plus possibles aujourd'hui, et qui ont disparu grâce aux prises de conscience sociétales,*

85. Florian Vörös, *op. cit.* ; Michel Bozon, *op. cit.* ; Milton Diamond, « Pornography, Public Acceptance and Sex Related Crime : A Review », *International Journal of Law and Psychiatry* vol. 32, n° 5, septembre 2009, pp. 304-314 ; Yaëlle Amsellem-Mainguy et Arthur Vuattoux, *op. cit.*

*mais qui sont toujours présents dans certaines œuvres culturelles plus anciennes. Certains domaines avancent peu ou très lentement. C'est notamment le cas du porno qui continue de montrer des modèles éculés du masculin, du féminin et des rapports de genre.*

*Offrez-leur différents modèles et discutez-en avec eux. Les jeunes sont influencés par des représentations qu'ielles trouvent dans le porno, mais surtout partout ailleurs, dans la culture et dans la vie. Donnez les outils pour les identifier et les contrer afin de les aider à naviguer autant avec les contenus médias et culturels qu'avec les comportements problématiques qu'ielles rencontrent à l'école, dans les groupes de pairs, au sein des familles... Le sexisme ordinaire et les violences de genre sont diffus dans la société.*

*Discutez avec vos enfants des normes qu'on rencontre dans le porno aussi bien que dans la société en général. Par exemple, questionnez avec elleux pourquoi les femmes doivent être glabres au niveau des aisselles, des jambes et du maillot alors que les hommes peuvent avoir des poils. Nous sommes influencé·e·s par les normes esthétiques et c'est normal. On a le droit de s'épiler pour se sentir bien parce que c'est ce qu'on a appris à trouver beau comme on a le droit de garder ses poils, qu'on soit une fille ou un garçon. Ce qui est intéressant, c'est de questionner les normes de genre pour avoir un regard critique, quel que soit le comportement qu'on décide d'adopter.*

# « Le porno est nécessairement dégradant pour les femmes.

*Il existe de nombreux pornos supportés par de nombreux formats. Il n'y a aucune raison que le porno soit en soi dégradant pour les femmes. Certains pornos se revendiquent féministes en ce qu'ils montrent d'autres modèles que ceux véhiculés dans la majorité des pornos disponibles gratuitement sur Internet. Ce que nous considérons généralement dégradant pour les femmes est le fruit d'une longue histoire où les femmes ont été stigmatisées sur la base de leur sexualité prêtée ou avérée. Si le porno est perçu comme dégradant pour les femmes, c'est notamment parce que l'on considère, souvent sans questionnement, qu'une femme ayant des pratiques sexuelles présentes dans la pornographie et payée de surcroît a moins de valeur qu'une femme qui réserve sa sexualité à des rapports gratuits ayant lieu dans le cadre d'une relation monogame amoureuse. Ce qui rend le porno « dégradant » pour les femmes, c'est aussi un double standard sexiste paradoxalement entretenu par de nombreux discours anti-pornos. Aucune pratique sexuelle ne devrait être dégradante pour les femmes, qu'elles soient contractuelles et filmées ou pas.*

# “ Le porno, c’est violent.

*Ce qui est violent dans la sexualité, c’est l’absence de consentement. Les films pornos violents sont ceux dans lesquels les protagonistes ne sont pas consentant·e·s. Il s’agit alors de viol et non plus de pornographie. Certains pornos mettent en scène des pratiques extrêmes ou BDSM, ils ne sont néanmoins pas représentatifs du porno en général.*
*Regarder des films pornos quand on n’en a pas envie ou quand on n’y est pas prêt·e peut s’avérer violent. Le consentement est là encore fondamental. Certaines personnes apprécient visionner du porno. D’autres pas. Pour certain·e·s, voir du porno représente une violence. Il est important de réaffirmer que regarder du porno n’est jamais obligatoire et qu’il est interdit d’imposer ces images à quelqu’un, a fortiori à un·e mineur·e. Le porno n’est pas violent en soi, mais le caractère intime de son usage et la manière dont il traite de la sexualité génitale en font un contenu qui peut devenir violent pour les personnes qui ne souhaitent pas être confrontées à ces images.*

# Chapitre cinq

# Notre panique

## Sexisme et violence

Deux peurs ressortent très fortement des discours sur les dangers que la pornographie représente pour la population en général et la jeunesse en particulier. La première a trait au sexisme et la deuxième à la violence, présents dans la pornographie.

En tant que produit qui s'adresse historiquement aux hommes hétérosexuels, le porno met souvent en scène des femmes hypersexualisées et avides de sexe. Cela entre fortement en contradiction avec l'image de *femme respectable* et est souvent décrit comme « dégradant ». Les femmes sont *objet* du désir des hommes et non pas *sujet* de désir : elles sont objectivées. Par ailleurs, les titres des films pornos gratuits sur Internet comprennent très souvent des insultes à caractère sexiste (et parfois raciste[86]). Ces titres exemplifient la manière dont les personnages féminins du porno sont vus à travers le prisme d'une sexualité masculine et d'un double standard. Minoritaires en tant que réalisatrices et en tant que public cible (même si les femmes sont de plus en plus nombreuses à déclarer consommer de la pornographie), le domaine du porno est encore largement dominé par les hommes. De ce fait notamment, le plaisir féminin est souvent absent de la pornographie. Le *male gaze* est très présent dans le

86. Dr Kpote, *Pubère la vie : À l'école des genres*, Bordeaux, éd. du Détour, 2023, p. 132.

porno mainstream. De ce point de vue, le porno n'est pas très différent du reste de notre société; et donc, sexiste. Sur la base de ce constat, beaucoup se posent la question – ou y répondent sur le ton de l'évidence – puisque le porno est sexiste, le porno rend-il sexiste?

Contre toute attente, il n'y a pas de consensus autour de l'idée que la pornographie rende sexiste. Certaines études montrent même le contraire: les personnes (hommes et femmes) ayant vu des films classés X dans l'année écoulée auraient des opinions plus positives sur les femmes que les personnes qui n'en avaient pas vu[87]. À un niveau plus global, les sociétés dans lesquelles la pornographie circule le plus facilement seraient également celles qui présenteraient la plus grande égalité des genres. Les recherches concluent que les sociétés globalement tolérantes sont propices autant à l'égalité des genres qu'à la diffusion de la pornographie[88]. Et il semble également logique d'imaginer que les personnes vivant dans des sociétés plus égalitaires auront tendance à présenter des idées plus égalitaires, qu'elles regardent du porno ou non. Il est également intéressant de noter que sur le podium des pays les moins égalitaires au monde selon le Global Gender Gap Report, on retrouve de nombreux pays où la pornographie est interdite. Interdire le porno n'est à l'évidence pas une politique suffisante pour garantir l'égalité.

On parle beaucoup de la violence dans la pornographie et on entend souvent que les contenus pornographiques sont violents. Cette question est au cœur d'un débat largement répandu dans la société. Cependant, il s'agit de définir ce que l'on considère comme violent. Dans le champ de la sexualité, il est impératif de rappeler que sont violentes toutes pratiques qui ne sont pas mutuellement et librement consenties. Il appartient donc à chaque personne de définir ce qui est consensuel, souhaité et désiré et ce qui ne l'est pas, dans le cadre de sa propre sexualité. C'est le contexte du consentement, et uniquement celui-ci, qui fonde le caractère violent d'une pratique en matière de sexualité,

87. Milton Diamond, *op. cit.*

88. Baron, L. (1990), «Pornography and Gender Equality: an Empirical Analysis». *Journal Of Sex Research*, vol. 27, part. 2, pp. 363-380.

et non les pratiques elles-mêmes. Une caresse peut être violente et représenter un abus sexuel si elle n'est pas consentie, quand bien même une caresse n'est pas en soi un acte violent. À l'inverse, une fessée consentie n'est pas un acte violent. Il n'est pas possible d'établir une liste des comportements violents et encore moins d'établir une liste des comportements qui ne le sont pas : seul le consentement est opérant pour définir la violence en matière de sexualité[89].

De plus, insister sur la violence dans la pornographie, c'est oublier que le cinéma pornographique est dans sa globalité moins violent que le cinéma non pornographique[90]. Il est rare de rencontrer dans la pornographie des scènes de tuerie ou de torture, par exemple. Le viol, parfois mis en scène, est lui-même rare puisque, en général, les scénarios insistent sur le désir explicite et l'excitation des protagonistes féminines. Il est donc encore une fois hasardeux de séparer le porno du reste de la culture et de thématiser uniquement la question de la violence dans ce genre sans questionner notre rapport à la violence, dans la fiction en général.

Toujours est-il que la question se pose : Le porno rend-il violent ? Et sexuellement violent ?

Là encore, il n'y a pas de consensus qui établisse que le porno rend violent (sexuellement). Des études menées aux États-Unis, où plusieurs États ont interdit la pornographie à certains moments de leur histoire, montrent que les interdictions n'entraînent pas le déclin des viols, au contraire. A contrario, plusieurs villes ont vu le taux de viols diminuer pendant la

89. Il est vraiment important de définir ce qui caractérise la violence en matière de sexualité et notamment dans le porno. Le Haut Conseil à l'Égalité entre hommes et femmes français a sorti un rapport largement critiqué en ce qu'il établit une liste des comportements dits violents, par exemple, les claques sur les fesses, sans tenir compte du point de vue des protagonistes ; et donc, du consentement. Ce faisant, il dresse par défaut une liste des comportements « non violents », par exemple, la pénétration coïtale. Or, il est évident qu'un coït peut être beaucoup plus violent qu'une claque sur les fesses s'il n'est pas consenti (c'est la définition même du viol).

90. Gayle S. Rubin, *Surveiller et jouir : anthropologie politique du sexe*, Paris, éd. EPEL, 2010, p. 281.

période où la pornographie devenait de plus en plus accessible. D'autres études sur d'autres populations ont montré des résultats similaires : la pornographie ne pousse pas à agresser sexuellement, ce serait plutôt le contraire. À titre personnel, je ne pense pas que la seule pornographie explique le fait d'avoir ou non des comportements violents. L'effet « positif », s'il existe, serait plutôt à chercher dans une culture de la sexualité plus saine et moins restrictive moralement. Un usage équilibré de la pornographie fait partie de cette culture saine de la sexualité – pas pour tout le monde, mais pour celles et ceux qui en ont le désir. D'ailleurs, les enquêtes citées plus haut montrent que la seule corrélation significative qui ait été trouvée avec les crimes sexuels soit une éducation religieuse stricte et répressive[91], probablement peu ouverte à l'usage de la pornographie, mais certainement humiliante et culpabilisante sur le lieu de la sexualité.

Dans les deux cas, que ce soit pour les idées sexistes ou pour les comportements violents, il convient toujours de ne pas isoler la pornographie du reste de la société et de ne pas en faire une figure repoussoir. Les jeunes, tout comme les adultes, sont imprégnés par l'ensemble des représentations, des comportements et des valeurs de notre société, et non pas uniquement et spécifiquement par le porno. La discussion et l'éducation prévalent et la lutte contre les violences sexuelles et le sexisme doit avoir lieu dans tous les domaines.

La question du consentement est une des pierres angulaires de toutes réflexions sur la pornographie et la sexualité en général. La culture du viol est certainement véhiculée par la pornographie puisque certaines mises en scène présentent des femmes non consentantes qui finissent par « aimer ça » (un mythe au cœur de la culture du viol). Cependant, la pornographie est loin d'avoir le monopole de ce genre de représentation et de la culture du viol en général. Si l'on craint, comme c'est souvent le cas, que le porno n'entraîne des comportements violents, la meilleure manière de lutter contre cela est de discuter de consentement

---

91. Diamond, *op. cit.*, Christopher J. Ferguson et Richard D. Hartley, "Pornography and Sexual Aggression: Can Meta-Analysis Find a Link?", *Trauma, Violence, & Abuse* 23, n° 1 (1er janvier 2022) : 278-87.

et d'égalité avec les jeunes. Les effets potentiels du porno sur les jeunes dépendent beaucoup du milieu dans lequel il est reçu. Une éducation sexuelle de qualité et des alternatives en matière d'information sur la sexualité semblent être les meilleurs outils pour prévenir les violences sexuelles et les méconnaissances que pourrait entraîner une lecture littérale de certains films pornographiques.

Il est parfaitement normal et sain de se questionner notamment sur le rapport que les jeunes garçons ont avec le consentement. Dans tous les cas, encore une fois, il s'agit de ne pas isoler la pornographie du reste de notre société qui, jusqu'à il y a peu, et encore aujourd'hui, se montre très légère dans la manière dont elle traite de la question du consentement. Parler des limites, donner les outils autant pour les exprimer que pour les respecter, parler des conséquences de comportements violents, etc. est un aspect fondamental de l'éducation à la vie sexuelle et affective, et si le porno est un prétexte pour aborder cette question, ne perdons pas cette occasion.

### Petite note sur les études et les chiffres

À l'heure où ces lignes sont rédigées, de nombreuses publications font parler d'elles. Elles présentent des chiffres sur les effets du porno, notamment sur la culture du viol. J'invite les lecteur·rice·s à prendre ces chiffres avec prudence, surtout quand ils sont présentés dans les médias. J'invite à aller lire les études citées et à questionner les méthodes. En recherches quantitatives, on le sait, ce n'est pas parce qu'il existe une corrélation qu'il existe un effet cause/conséquence. Par exemple, une éventuelle corrélation entre usage du porno et dépression ne signifie pas que le porno soit cause de la dépression. Il se peut que le porno soit davantage utilisé par les gens dépressifs pour de nombreuses raisons ou que le porno soit une stratégie efficace et positive pour les gens qui traversent des épisodes de dépression. Pour comprendre les corrélations, il faut aller plus avant dans les études qualitatives.

De nombreux exemples récents[92] montrent que les sondages, enquêtes ou rapports politiques, effectués notamment par des instituts privés, sont relativement fragiles du moment qu'on creuse un peu. La volonté de mettre en lien le porno et la violence ou le sexisme est manifeste et nous donne à voir un biais idéologique puissant et contradictoire avec une approche scientifique rigoureuse. Ces études et rapports sont critiqués[93] et font preuve de grandes lacunes en matière de rigueur scientifique. Ces publications influencent beaucoup ce que l'on croit savoir de la pornographie. Les médias sont très friands de ces messages alarmistes et de ces chiffres qui sont repris un peu partout et diffusés sans beaucoup de questionnements. Ils occupent énormément les débats et deviennent quelque peu assourdissants, quand bien même leur véracité est très discutable. C'est pourquoi il faut se montrer prudent·e avec les chiffres qui sont publiés et repris avec un peu trop de facilité sur un sujet aussi chargé idéologiquement que l'est pornographie.

**En pratique**

*Discutez de consentement avec vos enfants, et exemplifiez vos propos. Cela commence dès tout·e petit·e. Obligez-vous vos enfants à faire et recevoir des bisous ? Demandez-vous le consentement de vos enfants pour les toucher, et respectez-vous leurs limites ? Exprimez vous-même vos limites à vos enfants et apprenez-leur à les respecter, en y mettant une valeur positive. On est plus heureux·euses en vivant dans un espace où les limites de chacun·e·s sont respectées !*
*Rappelez à vos enfants que la pornographie n'est pas une école de la sexualité. C'est un genre cinématographique, souvent de mauvaise qualité et qui exergue autant une vision problématique de la féminité que de la masculinité. Il est important d'en discuter avec ses enfants et de leur*

92. Étude Ifop, *op. cit.* « Rapport – PORNOCRIMINALITÉ : mettons fin à l'impunité de l'industrie pornographique ! », Haut Conseil à l'Égalité entre les femmes et les hommes, République française, 27 septembre 2023.
93. Florian Vörös, « Lettre de démission du Haut Conseil à l'Égalité entre les femmes et les hommes », *Mediapart*, 14 octobre 2022 ; Béatrice Damian-Gaillard et Florian Vörös, « Pornographie : la dérive autoritaire du HCE », *Mediapart*, 27 septembre 2023.

*apprendre que le porno n'est pas une école de la sexualité et qu'il est aussi absurde de vouloir que sa sexualité ressemble au porno que de vouloir que sa vie ressemble au* Seigneur des Anneaux. *Entretenir un dialogue ouvert sur la sexualité avec vos enfants dès la prime enfance est la meilleure manière de leur donner les outils pour comprendre que le porno peut être un divertissement, mais certainement pas un cours d'éducation sexuelle.*

*Apprenez à vos enfants à questionner les gros titres et les médias. Discutez du pouvoir des chiffres et de leur interprétation. Parlez avec elleux de la manière dont ielles s'informent et partagez ensemble des articles qui vous intéressent. Cela va dans les deux sens, les jeunes – cela a été démontré[94] – savent s'informer et ont parfois des choses à nous apprendre.*

*Discutez avec les jeunes de la diversité de la pornographie : il n'existe pas qu'un seul porno comme il n'existe pas qu'un seul cinéma. Parlez des plateformes où l'on trouve beaucoup de choses différentes, dont certainement des vidéos illégales ou violentes qui ne devraient pas être considérées comme de la pornographie, mais comme de la criminalité et qui ne devraient pas s'y trouver. Discutez de ce qui constitue la violence dans le porno et la sexualité, à savoir le non-consentement.*

*Parlez du fait que certaines pratiques dans la pornographie et dans la sexualité en général sont légales et O.K. entre personnes consentantes, mais qu'elles peuvent néanmoins nous choquer ou ne pas nous plaire. Ce n'est pas parce que quelque chose existe qu'on a envie de le faire et, dans le champ de la sexualité, c'est très important de se demander ce qui nous plaît et ce qui ne nous plaît pas.*

## La sexualité des jeunes

Les études sur l'évolution de la sexualité en France[95] montrent que l'âge d'entrée dans la sexualité génitale n'a que peu évolué depuis les années 50 et a lieu autour de 17 et 18 ans. Ce qui différencie la génération actuelle de l'ancienne, c'est que l'adolescence

94. Anne Cordier, *op. cit.*
95. Michel Bozon, *op. cit.*

est devenue une «période de préparation et d'apprentissage de la sexualité». Aujourd'hui, le premier baiser «profond» advient trois ans plus tôt qu'alors. C'est une période de découverte, d'entrée progressive dans la sexualité à travers l'exploration de différentes pratiques, jusqu'à la sexualité génitale. Il est relevé que si la pornographie occupe une place importante dans les discours adultes sur la sexualité des jeunes, notamment des jeunes garçons, elle a peu d'influence sur les pratiques sexuelles et une place circonscrite dans la socialisation et les pratiques autour de la sexualité. Michel Bozon, directeur de recherche à l'Ined, fait état des inquiétudes adultes sur la sexualité des adolescent·e·s et notamment sur la manière dont la pornographie est devenue le point d'accroche de notre sentiment de peur. Il nous rassure, les enquêtes montrent que les jeunes font la part des choses et savent que le porno, c'est du cinéma[96]. Prendre conscience du fait que nos peurs ne sont pas un phénomène isolé, mais qu'elles sont le fruit d'un contexte sociétal aide non seulement à relativiser ce que l'on considère comme un problème et à se sentir moins isolé·e, mais également à les reconnaître comme l'aboutissement d'une construction «historique». Les nouvelles technologies et les nouvelles normes en matière de sexualité mettent à l'épreuve notre besoin de contrôle et nos inquiétudes concernant la sécurité de nos enfants.

Rassurons-nous! la sexualité des jeunes se porte bien. Les grossesses non désirées sont rares, les IST ne présentent pas un risque majeur et ielles connaissent bien les mesures à prendre pour éviter les écueils liés à leur entrée dans la sexualité. C'est notamment grâce à l'éducation sexuelle et affective qui s'inscrit de plus en plus dans les programmes scolaires, mais également grâce aux nombreuses ressources que les jeunes mobilisent avec agilité. L'accompagnement et le contexte familial constituent un élément important et permettent de minimiser les risques. La reconnaissance de la sexualité adolescente est à ce titre un outil de santé publique[97]. Cette sexualité adolescente qui nous

96. *Op. cit.*, p. 131.

97. «Ainsi, dans les pays où l'accès des adolescents à la contraception est autorisé par la loi et où la sexualité des jeunes est reconnue socialement, les jeunes

effraie est en réalité loin d'être débridée et hors de contrôle. Elle s'avère même plus responsable et plus outillée que l'entrée dans la sexualité des générations précédentes.

## *Les pratiques sexuelles des adolescent·e·s: la peur des adultes*

Les discours autour de l'usage de la pornographie chez les jeunes mettent en lumière la peur autour de l'évolution des pratiques sexuelles. Les pratiques bucco-génitales ou anales, par exemple, cristallisant ces inquiétudes sur la sexualité des jeunes et les «dangers» de la pornographie. Cela repose sur l'idée plus ou moins explicite que certaines pratiques posent un problème. En tant que parents, nous sommes naturellement perméables à ce qu'elles charrient de représentations.

En tant que parents, il nous arrive de nous sentir davantage concernés par le fait que nos enfants se soumettent à certaines conventions ou normes que par leur réel bien-être. Ce n'est pas par pudibonderie ou par malveillance, c'est qu'on croit parfois que nos enfants ont plus de chances d'être heureux·euses s'ielles se conforment à certains modèles. C'est la raison pour laquelle certains parents questionnent l'homosexualité de leurs enfants, pensant qu'ielles seraient plus heureux·euses s'ielles étaient hétéros. Or, ce qui permet à une personne d'être heureuse, c'est d'être acceptée telle qu'elle est et d'avoir la possibilité d'explorer ce qui lui plaît dans la vie – notamment dans sa vie sexuelle.

Pour donner le plus de chances à nos enfants de développer une sexualité saine et épanouie, il est important de se détacher de nos normes et de nos représentations (ce qui signifie peut-être les déconstruire pour nous-même également).

Stigmatiser ou déconsidérer certaines pratiques sexuelles pose de nombreux problèmes. Cela crée des tabous et de la honte,

---

se protègent davantage et dénoncent plus facilement les violences sexuelles. À l'inverse, les pays qui cherchent à mettre en place des politiques favorisant le retard de l'âge au premier rapport sexuel ou l'abstinence prennent le risque de détourner les jeunes sexuellement actifs d'une pratique contraceptive efficace et d'une vie sexuelle et affective épanouie.», Yaëlle Amsellem-Mainguy et Arthur Vuattoux, *op. cit.*, p. 8.

généralement empreints d'un double standard de genre. Cette honte a des conséquences négatives sur le développement de la sexualité et sur le rapport aux désirs. Si l'on apprend qu'une pratique qu'on aime ou qu'on désire est « problématique », que cela dit-il de sa sexualité et de ses désirs, et in fine de soi-même ? Si l'on pense que, pour les femmes, la fellation est « dégradante », quel impact cela a-t-il sur sa propre image et sur sa capacité à exiger d'être respectée, notamment dans une relation au sein de laquelle on la pratique ?

Ces normes hiérarchisent les pratiques sexuelles, au sommet desquelles se trouve la sexualité pénétrative, considérée comme la sexualité normale. Or, si l'on considère la sexualité comme un lieu de plaisir et non plus comme ayant un but reproductif, il n'y a aucune raison de considérer que le coït est une forme de sexualité plus normale qu'une autre. Toutes les pratiques sexuelles doivent répondre au même critère, le consentement mutuel et éclairé. En dehors de ce critère-là, il n'y a pas de hiérarchie à poser sur nos sexualités, pas plus que sur la sexualité des adolescent·e·s. Il est très problématique que des filles se sentent obligées d'accepter des fellations parce qu'elles les ont vues dans le porno, tout comme il est problématique que des filles pensent qu'il est normal d'avoir des rapports avec leur partenaire, même quand ceux-ci s'avèrent douloureux ou ne leur donnent pas de plaisir. Hiérarchiser les pratiques sexuelles donne un message biaisé sur le consentement : il n'y a pas de pratique sexuelle qui soit « normale », aucune n'est due. Toutes les pratiques sont violentes lorsqu'elles ne sont pas consenties. Et aucune n'est dégradante quand elle prend place dans le cadre d'une sexualité libre et désirée (personne n'est « dégradé » par ses pratiques sexuelles tant qu'on respecte le consentement de son/sa partenaire). Il est important d'apprendre cela à nos enfants tout d'abord pour qu'ielles soient libres de développer leur sexualité tout en gardant l'estime d'elleux-mêmes intacte, mais également pour qu'ielles ne stigmatisent et ne jugent pas à leur tour d'autres personnes, notamment des femmes, sur la base de leur sexualité (prêtée ou avérée).

Cette stigmatisation de certaines pratiques est problématique puisqu'il est établi que la pénétration vaginale, ce qu'on définit à tort comme un « rapport sexuel », est une pratique qui donne peu de plaisir aux personnes pourvues d'une vulve. On reproche à juste titre au porno de se focaliser sur le plaisir masculin, et il serait intéressant de questionner ses pratiques à travers le même prisme. D'ailleurs, la pénétration vaginale est souvent présentée dans le porno comme le « clou du spectacle », et tout comme le reste de la société, le porno semble considérer que c'est cela « le vrai sexe ». Les personnes avec une vulve atteignent moins facilement l'orgasme que les personnes avec des pénis, c'est notamment parce que nos schémas sont centrés sur la sexualité pénétrative et laissent de côté le clitoris, à savoir l'organe qui donne du plaisir aux personnes ayant une vulve. Donner de la légitimité à d'autres pratiques sexuelles, c'est rendre plus égalitaire notre accès au plaisir et à l'orgasme.

Si je me permets de présenter cela de manière approfondie, c'est parce qu'il apparaît que les peurs liées à l'effet de la pornographie sont fortement empreintes d'une morale autour de ce qui est une bonne sexualité. Or, le seul critère sur lequel devrait être évaluée la sexualité est la notion de consentement. Une bonne sexualité « safe », c'est-à-dire sans violence et consentie. Le problème, ce ne sont pas les pratiques, c'est le consentement, encore et toujours. De ce point de vue, comme du point de vue de la qualité de la sexualité et du plaisir, hiérarchiser les pratiques sur le plan moral est irresponsable. Chacun·e est libre de décider ce qui lui plaît, ce qui lui réussit sexuellement et d'explorer, dans le cadre du consentement mutuel et éclairé, sa sexualité. Dire aux jeunes comme aux adultes que telle ou telle pratique est problématique ou « porno » alors que telle autre est juste ou bonne, cela participe à développer des hontes et des culpabilités et à avoir des difficultés à parler de sexualité et, in fine, à être en bonne santé sexuelle. D'ailleurs, s'il y a bien une chose qu'on peut reprocher au porno, c'est qu'il est prescriptif, non pas dans les pratiques considérées généralement comme « alternatives » ou « immorales », mais bien vis-à-vis de la pénétration et des schémas sexuels tout ce qu'il y a de plus traditionnel.

Les discours qui consistent, comme le font certaines publications récentes, à juger du caractère « violent » de certaines pratiques sexuelles sans tenir compte du consentement sont dangereux. Ils stigmatisent des pratiques consenties et désirées et qui ne posent donc aucun problème. Et ils invisibilisent les violences qui entourent des pratiques moralement acceptables, tant et si bien qu'elles deviennent « normales » et prescrites. Beaucoup de jeunes considèrent qu'avoir des rapports pénétratifs en couple est un dû envers son/sa partenaire. Cette sexualité devient alors difficile à questionner. Les luttes de longue date pour faire reconnaître le viol conjugal – reconnaissance qui n'est toujours pas un acquis universel – montrent bien qu'à trop discuter de la légitimité de la fellation ou de la sodomie, on en oublie de discuter du consentement au sein du couple et notamment vis-à-vis du coït.

**En pratique**

*Quelle éducation sexuelle voulez-vous donner à vos enfants? Si vous souhaitez leur offrir une éducation sexuelle « sexe positive », c'est-à-dire sans injonctions et axée sur l'idée que la sexualité est un lieu de plaisir, de liberté et de consentement, exprimez-le! Cette approche permet de se rassurer: la sexualité n'est pas un lieu de danger, mais un lieu d'épanouissement. Plus on déconstruit les croyances et les normes et plus on se concentre sur le consentement et le plaisir, plus on outille ses enfants pour dire oui quand ielles ont envie de dire oui et dire non quand ielles ont envie de dire non.*

*Apprendre à ses enfants que la sexualité est un lieu légitime de plaisir et qu'il n'y a pas de honte à désirer ou à explorer sa sexualité, c'est leur donner la confiance nécessaire pour faire ce qui leur plaît. Cela leur permet de développer un savoir sur elleux-mêmes. Savoir ce que l'on veut, c'est également savoir ce que l'on ne veut pas. Être en mesure d'exprimer notre consentement et nos désirs de manière légitime, c'est également apprendre à identifier ce qui ne nous va pas et à l'exprimer tout aussi légitimement.*

*Questionnez vos peurs et votre besoin de contrôle. À quoi répond-il? À quelle émotion? Vous pensez peut-être que vos enfants sont trop jeunes pour avoir une sexualité. Vous pouvez en discuter avec elleux, leur rappeler qu'ielles ont le temps et que la sexualité se découvre et s'apprend tout au long de la vie. Et faites-leur confiance. Si vous leur avez donné tous les outils et avez créé un espace de confiance et de dialogue, ielles sauront ce qui est bon pour elleux. Dans tous les cas, interdire ou juger n'est pas une pratique recommandée : s'il arrive un problème, ielles hésiteront alors à venir vers vous pour vous consulter. C'est la même chose avec le porno : interdire ou condamner son usage risque d'isoler les jeunes s'ielles rencontrent un problème ou ont des questions.*

*Vos enfants entrent dans la sexualité ? Demandez-leur de quoi ielles ont besoin pour assurer leur bien-être. Rappelez-leur que vous êtes là pour elleux s'ielles ont des questions ou des besoins. Offrez-leur la possibilité de disposer d'un lieu sûr où ielles peuvent explorer la sexualité et des moyens de contraception et de protection contre les IST. Respectez leur intimité et leur espace (physiques et numériques), c'est ainsi qu'ielles seront le plus en sécurité et pourront prendre leur temps.*

*Que signifie pour vous la notion de virginité ? De première fois ? Parle-t-on uniquement de pénétration ? Comment percevez-vous l'entrée dans la sexualité et la découverte progressive ? Quels mots mettez-vous dessus pour vous-même et quand vous en discutez avec vos enfants ? La sexualité est un monde et la pénétration n'est qu'une des infinies possibilités. Comment cela résonne-t-il en vous ? Comment avez-vous vécu vous-même vos premières expériences ?*

*Rassurez-vous. L'adolescence est une période de découverte et d'expérimentation. Certains jeunes montrent de la curiosité pour des pratiques sexuelles sans que cela veuille dire quelque chose sur leurs propres pratiques ou leurs désirs. Si vous découvrez par hasard des choses déroutantes sur les pratiques ou la curiosité de votre ado, veillez à garder une certaine discrétion : confronter votre enfant à des éléments gênants de sa sexualité peut entraîner des résultats catastrophiques, des traumas et des blocages à long terme. N'oubliez pas que vous êtes un adulte et qu'il s'agit d'un enfant : cette configuration asymétrique durant une période de construction à propos d'un sujet sensible peut s'avérer violente. Et, surtout, vous risquez de faire d'une chose anodine ou d'un simple sujet de curiosité un élément constitutif de sa construction et de lui donner beaucoup plus d'importance à long terme que ça en a réellement.*

## Santé mentale

La pornographie inquiète du point de vue de ses conséquences néfastes sur la santé mentale. Il n'existe pas de consensus sur la question et les nombreuses études parviennent à des résultats très différents et leurs interprétations sont très discutées. Toujours est-il que cette question est centrale et qu'il est fondamental de lui donner de la place si on souhaite se rassurer et opter pour une réduction des risques adéquate.

Il convient, pour commencer, de dire une chose : l'usage de la pornographie est extrêmement banal. Les chiffres, qui varient d'une étude à l'autre, montrent que la consommation de pornographie est très courante, et ce, dans tous les groupes de la population depuis de nombreuses années. Si la pornographie posait un vrai problème de santé publique, on le saurait. Or, aujourd'hui, les expert·e·s sur la question sont nuancé·e·s. Si pour certain·e·s la pornographie peut entraîner des troubles de santé mentale tels que l'addiction, l'anxiété de performance ou des problèmes d'image de soi, d'autres mettent en avant les bénéfices pour les couples ou les individus, pour l'imaginaire sexuel ou pour la libido, ou pointent que la stigmatisation qui entoure la consommation de pornographie pourrait être la cause de problèmes psychologiques, davantage que la consommation elle-même. Tou·te·s s'accordent pour dire que la réception de pornographie dépend beaucoup des outils dont disposent les personnes qui la regardent. Cela nous conforte dans l'idée qu'il convient, pour prévenir les problèmes de santé mentale parfois attribués à l'usage de la pornographie, d'informer et d'éviter la stigmatisation et la honte.

### *L'addiction*

L'addiction à la pornographie cristallise de nombreuses inquiétudes autant de la part des parents que des professionnel·le·s de la santé mentale. Il est important de noter qu'à l'heure actuelle, l'addiction à la pornographie n'est pas reconnue comme un trouble en soi ni par la CIM-11 ni par le DSM-5, les deux manuels diagnostics communément acceptés (bien que critiqués notamment en sexologie). Le terme *addiction* n'est lui-même pas un terme scientifique, et peut faire référence à l'abus de substance ou à des comportements compulsifs. Quoi qu'il en soit, quand bien même l'addiction à la pornographie n'est pas un trouble reconnu et listé, de nombreux·euses thérapeutes témoignent l'avoir observé sur le plan clinique. Il convient cependant de rester prudent·e quand on parle d'addiction à la pornographie, tant il est vrai que pour qu'une consommation de substance ou qu'un comportement soient considérés comme abusifs ou compulsifs, cela doit répondre à certains critères objectifs : durée de la consommation ou du comportement, incapacité à se maîtriser, souffrance, problèmes liés à la substance ou au comportement… L'usage régulier de la pornographie ne suffit certainement pas à conclure à une « addiction ».

Les comportements compulsifs et les abus de substances sont le plus souvent caractérisés par un manque de contrôle, une souffrance, un désintérêt pour les autres sphères de la vie et une perte du plaisir dans la consommation ou le comportement, et ce, sur une longue durée (plus de six mois). Dans le cas de la pornographie, les spécialistes observent une difficulté à érotiser ou à sexualiser d'autres éléments que le porno. Ielles pointent le fait que le porno a des effets forts, en matière d'émotions et d'identification. Ielles nous rendent attentifs au fait que cela peut occasionner des souffrances, mais n'excluent pas que la perception morale que l'on a du porno ait un impact sur le ressenti des personnes concernées. La culpabilité favorise les rechutes, car le système de récompense (central dans l'abus de substance) ne peut être pleinement satisfait si l'on se culpabilise lorsque l'on consomme. En bref, il s'agit de garder à l'esprit qu'il s'agit d'une question complexe comprenant de nombreuses composantes, y compris sur le plan médial, et que poser des diagnostics est une affaire de professionnel·le·s. En particulier, quand on traite des adolescents et d'éléments à forte charge morale.

Certaines personnes font usage de la pornographie de manière régulière à des fins masturbatoires, pour se détendre, pour faire face à des difficultés en matière de sexualité, etc. Il convient de savoir si cela occasionne une souffrance pour la personne concernée et à quel besoin cela répond. Si l'usage de la pornographie passe d'un moment de plaisir à une stratégie unique pour gérer, par exemple, le stress ou la frustration, il est possible que cela entraîne des souffrances. Il est néanmoins important de rappeler que le regard extérieur, quand il s'agit d'usage de pornographie, est souvent mal outillé pour comprendre ce qui se joue. Les discours anxiogènes à cet égard, ainsi que des éléments de désinformation sur ce qu'est « l'addiction à la pornographie[98] » peuvent biaiser nos regards de parents. Ce phénomène ne concerne d'ailleurs pas que le porno, mais peut être observé vis-à-vis des jeux vidéo, des écrans et du numérique en général. S'il est évident que la gestion du temps d'écran et des activités liées au numérique est un enjeu central de l'éducation contemporaine, les discours alarmistes sur l'addiction et la dépendance ont tendance à nous inquiéter au-delà du raisonnable.

Le regard que nous posons sur la consommation de nos ados ne peut faire l'économie d'une question fondamentale : si nous identifions un problème, est-ce que cela parle du rapport que nous avons avec les écrans (largement nourri par la panique médiatique) ou est-ce que nos enfants ont réellement un problème ? Comment elleux-mêmes vivent-ielles le rapport qu'ielles ont avec l'écran, le numérique et éventuellement le porno ? Quel rôle cela joue-t-il dans leur vie ? À quels besoin et stratégie cela répond-il ? Ce n'est qu'en dialoguant et en les écoutant que nous sommes en mesure de comprendre s'il existe une souffrance, un problème réel et un besoin d'aide. Cette écoute et ce dialogue ne peuvent avoir lieu que si nous nous détachons de nos propres émotions et de nos propres représentations. En outre, des critères objectifs existent pour évaluer si un·e adolescent·e rencontre des problèmes de santé mentale : en cas de doute, parlez-en avec votre pédiatre.

98. Thérèse Hargot, thérapeute connue pour ses positions radicales anti-porno, diffuse régulièrement l'information selon laquelle un Français sur quatre est dépendant à la pornographie puisqu'il en regarde une à plusieurs fois par semaine. Or, une consommation de pornographie hebdomadaire est bien évidemment insuffisante pour conclure à une dépendance.

**En pratique**

*Objectivez vos craintes: vous vous faites du souci sur le rapport que vos enfants entretiennent avec les écrans et avec la pornographie et craignez qu'ielles ne développent une dépendance. En quoi ces inquiétudes vous atteignent-elles? Quels critères objectifs vous font craindre pour leur équilibre? Pensez-vous que l'équilibre entre les différentes sphères de leur vie n'est pas assuré? Qu'observez-vous? Font-ielles preuve de diversité dans leurs intérêts? À quoi servent les écrans dans leur vie? Aujourd'hui, les écrans sont une interface pour un grand nombre de divertissements, d'activités et de moyens de sociabilisation. Que font-ielles avec cet écran?*

*Intéressez-vous aux activités numériques de vos enfants. Demandez-leur de vous montrer ce qu'ielles aiment faire sur leur téléphone. À quels jeux jouent-ielles? Avec quel·le·s ami·e·s sont-ielles en contact? Que regardent-ielles comme divertissement et sur quelles plateformes? Sans entrer dans leur intimité – notamment sur une éventuelle consommation de pornographie ou sur l'usage du numérique qu'ielles ne manqueront pas d'avoir dans le cadre de leur entrée dans la sexualité – ces discussions vous permettront de voir la diversité de leurs usages et de vous rassurer. Par ailleurs, vous montrer intéressé·e et dans l'échange vis-à-vis de la consommation numérique encouragera le dialogue. Ce que l'on souhaite éviter à tout prix, c'est une position critique et répressive, sans questionnement[99].*

*Rassurez-vous: si l'usage des écrans et l'éventuel usage de la pornographie s'inscrivent dans une bonne santé générale, notre enfant va bien. Si vous noter des perturbations dans le fonctionnement habituel de votre enfant – et qui ne sont pas caractéristiques de l'entrée dans l'adolescence et d'un besoin d'autonomie et d'intimité grandissant – n'hésitez jamais à prendre contact avec son médecin. Les troubles du sommeil ou alimentaires, le désintérêt pour les contacts sociaux – notamment en dehors du cercle familial –,*

99. C'est parfois difficile tant il est vrai que ce que les ados regardent n'est pas toujours digne du plus grand intérêt culturel. Mais, soyons honnête, nous ne regardons pas non plus que du Fellini. Nous zappions, ielles swipent, rien n'a vraiment changé et nous pouvons faire l'effort de nous montrer ouvert·e pour maintenir le dialogue et la confiance. Et, qui sait, nous pourrions être surpris·e en échangeant des contenus!

*les difficultés de concentration ou scolaires sont des signes qui peuvent vous alerter. Cependant, les problèmes liés à l'usage des écrans ou à l'usage de la pornographie ne doivent pas masquer d'autres formes de mal-être. Si votre enfant se réfugie dans les écrans, la cause peut être ailleurs et l'écran peut être sa stratégie pour y faire face. Il n'y a pas de recette magique : il s'agit de ne pas s'alarmer face à une consommation numérique qu'on nous présente partout comme une source de trouble et il s'agit de ne pas négliger ou sous-estimer les souffrances qu'on a tendance à considérer comme normales à l'adolescence. Le dialogue et la confiance restent nos meilleures ressources, sans jamais oublier l'amour, le respect de l'intimité et notre pouvoir d'agir.*

## L'anxiété de la performance

La pornographie met en scène une sexualité exagérée de tout point de vue. Les corps, l'expression du désir et de la jouissance, la durée des rapports et les performances des personnages, tout est irréaliste. En cela, la pornographie n'est pas très différente d'autres œuvres fictionnelles qui font voler dans les airs des héros ultramusclés ou vivre des romances à des personnages féminins à la plastique parfaite. Cependant, le peu d'outils et de discussions entourant la pornographie fait craindre que des jeunes qui ne savent pas ce que c'est ne le prennent au premier degré et ne posent sur la sexualité des standards irréalisables[100] et anxiogènes.

**En pratique**

*Discutez de l'existence de la pornographie avec les enfants dès qu'ielles sont libres de naviguer sur Internet. Sans entrer dans les détails, il est fondamental d'expliquer aux enfants qu'il existe un genre de cinéma qui n'est pas pour elleux, qui met en scène des gens qui « font du sexe » et que cela n'est*

100. En réalité, les enquêtes et entrevues à ce sujet avec des jeunes montrent qu'ielles sont plutôt bien informé·e·s du caractère fictif de la pornographie. Michel Bozon, *op. cit.*, Yaëlle Amsellem-Mainguy et Arthur Vuattoux, *op. cit.*

*pas plus réaliste que* Spiderman *ou* La Reine des Neiges. *Puis, quand ielles grandissent, expliquez que la pornographie est une représentation exagérée de la sexualité où les protagonistes sont choisi·e·s, comme dans tous les films, en fonction de leur corps pour jouer leur rôle, qu'ielles sont maquillé·e·s et préparé·e·s comme dans le cinéma et que ce que l'on montre dans le porno n'a absolument pas vocation à être réaliste. Rappelez que ce qui est mis en scène dans le porno a pour but d'être spectaculaire, mais pas nécessairement satisfaisant sexuellement. D'ailleurs, chaque personne aime des choses différentes en matière de sexualité. C'est pourquoi il est important de découvrir ce qui nous plaît, à nous-même, et d'en discuter dans le cadre de la sexualité relationnelle, autant pour exprimer ce qu'on aime et ce qu'on n'aime pas, que pour entendre ce qui plaît et ne plaît pas à l'autre.*

*Rassurez vos enfants sur le fait que la sexualité, ça s'apprend, et ceci, tout au long de la vie ! Qu'elle varie beaucoup d'une personne et d'un·e partenaire à l'autre. Que, parfois, c'est super et que, parfois, ça marche moins bien et que ça n'est pas un problème. L'humour peut s'avérer utile pour ne pas trop se prendre au sérieux et, surtout, ne pas oublier que la sexualité n'est pas une performance, mais un lieu de bien-être. L'orgasme n'est pas une fin en soi et la sexualité est une recherche.*

*Rassurez aussi les adolescent·e·s : il est normal qu'ielles soient anxieux·euses face à leur entrée dans la sexualité puisqu'il s'agit d'une étape importante et très chargée émotionnellement et symboliquement. Offrez-leur un espace où ielles sont à l'aise de poser des questions et d'obtenir des réponses. Lors de cette étape de vie, prendre son temps et se sentir en sécurité et en confiance dans ses propres décisions s'avère fondamental. Dans ce cadre, l'estime de soi est cruciale et encourager les jeunes dans leur compétence, leurs apprentissages, leurs jeux et leur curiosité est la meilleure manière de les outiller pour qu'ielles soient à même d'entrer dans la sexualité avec sérénité, respect (de soi et des autres) et affirmation*[101].

101. Ce que l'on souhaite, c'est que les adolescent·e·s soient en mesure de faire les bons choix en matière de contraception, de partenaire, de bon moment… Leur donner du pouvoir d'agir, c'est les renforcer, les responsabiliser et leur permettre de prendre les bonnes décisions pour leur bien-être global.

## Honte et culpabilité

Une étude[102] de 2017 a mis au jour que la stigmatisation dont est objet la pornographie pourrait être la cause de problèmes de santé psychologique et non la pornographie elle-même. Deux groupes d'hommes qui consomment du porno étaient comparés: d'une part, des hommes qui considéraient leur consommation et le porno comme immoraux et, d'autre part, des hommes pour qui le porno ou sa consommation ne revêtaient pas un problème moral. Les hommes du premier groupe avaient significativement plus de chances de présenter des problèmes de dépression que les hommes ne présentant pas de repentance à cet égard. Ils étaient également plus nombreux à considérer qu'ils avaient un problème d'addiction dans le premier groupe, y compris lorsqu'ils en consommaient relativement peu. La souffrance semble être causée non pas par la consommation de la pornographie, mais bien par la perception que les personnes ont de cette consommation, notamment quand elle entre en contradiction avec une bonne estime de soi. Cela montre également que la notion d'addiction est par ailleurs liée à la perception morale qu'on se fait de l'objet[103]. Et cela indiquerait que cette perception est cause de souffrance pour les personnes qui en regardent. C'est pourquoi il est important pour nous, parents, de ne pas porter de jugement moral définitif ou de stigmatiser une consommation éventuelle de pornographie.

Les jeunes dont l'image de soi est altérée présentent de plus grands risques lors de leur entrée dans la sexualité[104]. Aider les enfants à développer une image positive d'eux-mêmes est le but de chaque parent. Vis-à-vis de la sexualité, il est essentiel de ne pas les

102. Samuel L. Perry, « Pornography Use and Depressive Symptoms: Examining the Role of Moral Incongruence », *Society and Mental Health*, vol. 8, part. 3, pp. 195-213, https://doi.org/10.1177/2156869317728373

103. De fait, on entend rarement parler d'addiction à la littérature ou à la musique classique, quand bien même il en est fait une consommation journalière. En d'autres termes, il faut considérer que l'objet consommé représente un problème pour juger que son usage puisse être de l'ordre de l'addiction.

104. Marie-Aude Boislard, sous la direction de Michel Claes et Lyda Lannegrand-Willems, *La Psychologie de l'adolescence*, chapitre 5 « La sexualité », éd. Presses de l'Université de Montréal, 2018, pp. 129-154.

stigmatiser et de ne pas leur faire honte, car la valeur symbolique forte de tout ce qui a trait au sexuel est susceptible de transformer chaque humiliation en un souvenir marquant et potentiellement traumatisant et nuisible à une image positive de soi. C'est une des raisons pour laquelle le clip *www.pas-ok.ch*, réalisé par la police suisse, a été si vertement critiqué. L'usage de mots comme « dégoûtant » et « répugnant » pour parler de la pornographie demeure très problématique. Il est possible que le porno provoque chez les jeunes qui le découvrent du dégoût, et il est possible qu'il provoque de l'excitation (il est même très probable qu'il provoque les deux dans des proportions variables). Mais entendre dire que son excitation est dégoûtante induit une image négative de soi et de sa sexualité. Cette mauvaise image est un terreau propice au non-respect de soi et de ses limites, et possiblement des limites des autres.

Il convient au contraire de dire aux jeunes que le porno est un contenu qui a pour but d'exciter sexuellement – l'excitation devant le porno est une réaction normale – et que la consommation de pornographie n'est pas une tare morale ou un comportement déviant. Cela n'empêche pas de rappeler que ces contenus ne sont pas adaptés aux enfants et qu'ils sont interdits au moins de 16 ou 18 ans. En outre, peut-être que certains parents réprouvent le porno et c'est O.K. de le dire, mais poser des jugements moraux reste problématique : par exemple, affirmer à vos fils « regarder du porno fait de toi un homme qui ne respecte pas les femmes » n'est pas un bon message, car s'ils regardent du porno (et aiment ça), ce discours pourrait devenir performatif. De même, si on dit aux femmes que les pratiques présentes dans le porno sont dégradantes, mais qu'elles sont excitées par ces pratiques, le risque est qu'elles développent une image dégradée d'elles-mêmes et de leur sexualité, ce qui peut favoriser des comportements à risque. Ces notions morales sont donc simplement à bannir de notre éducation à la sexualité en général et au porno en particulier.

Certains parents espèrent peut-être que condamner sans nuance la pornographie évitera aux jeunes d'en visionner[105].

105. C'est l'objectif avoué du clip *pas-ok.ch* qui souhaite « dissuader les enfants et les adolescents de moins de 16 ans de consommer et de diffuser de la pornographie sur Internet », www.pas-ok.ch, consulté le 3 novembre 2023.

Si c'était le cas, les chiffres de la consommation de la pornographie chez les jeunes ne seraient pas ce qu'ils sont. Les jeunes sont très nombreux·ses à regarder du porno, c'est un fait, et les stigmatiser en espérant les en détourner est irréaliste et irresponsable. La qualité de la communication et la reconnaissance de la sexualité des jeunes (y compris la consommation de la pornographie) sont les meilleures mesures pour un développement sexuel sain à l'adolescence. Les autres stratégies tiennent de l'idéologie et sont cause de souffrances, de honte et de problèmes de santé publique.

**En pratique**

*Dites et répétez à vos enfants que la seule règle et norme valable en ce qui concerne la sexualité est le consentement mutuel et éclairé. Aucune pratique n'est obligatoire, aucune pratique n'est honteuse en dehors de cette règle-là. Ce qui compte, c'est d'être bien avec soi-même et avec sa sexualité.*

*Parlez avec vos ados du poids des normes et des non-dits en matière de sexualité. Dites-leur que si un jour ielles ont honte de quelque chose, cela peut être parce qu'effectivement, ielles ont fait quelque chose avec lequel ielles ne sont pas en accord. Est-ce parce que cette chose est en contradiction avec leurs valeurs ou parce qu'ielles ont fait du mal à quelqu'un? Ou est-ce parce que cela entre en contradiction avec ce qu'ielles croient être bien ou mal? Leur corps leur appartient, et c'est à elleux de fixer les règles de ce royaume, des règles qui peuvent évoluer avec le temps, en tout temps. Il n'y a pas à avoir honte de sa sexualité ou de ses désirs – s'ils respectent le consentement mutuel et éclairé.*

*Rappelez à vos enfants que l'on n'est pas toujours maître·sse·s de ses pensées et que ce n'est pas parce qu'on pense à quelque chose qu'on souhaite passer à l'acte. Parfois, certaines pensées ou certains rêves provoquent de la honte. Si nous pensons à quelque chose d'horrible, cela ne fait pas de nous des personnes horribles, même si parfois l'excitation se mêle aux émotions qui nous traversent. Nous ne maîtrisons pas toujours notre excitation – pas plus que le reste de nos émotions – et ce n'est pas parce qu'une pensée ou une image nous excite que nous aimerions faire cela en vrai. La différence entre excitation et désir est importante et nous n'avons pas à avoir honte ou à nous sentir coupable parce que des idées nous viennent à l'esprit. Expliquez à vos enfants qu'il existe un phénomène appelé «phobie d'impulsion» qui se caractérise par des pensées parfois obsessionnelles, souvent négatives, de choses qu'on aurait peur de faire ou qu'on s'imagine faire. Ces pensées ne sont pas liées à une envie ou à un risque de passage à l'acte et elles arrivent à la majorité des gens, au cours de la vie. Si certaines pensées deviennent trop lourdes ou prennent trop de place, il est possible d'en parler avec un·e professionnel·le de la santé psychologique. Vous trouverez des ressources utiles pour cela à la fin du livre.*

## « Les jeunes qui regardent du porno ne sont pas à même de faire la différence entre ce qu'ielles voient et la réalité de la sexualité.

*De nombreuses études et enquêtes montrent que les jeunes qui regardent du porno sont conscient·e·s du fait qu'il s'agit d'une fiction et prennent de la distance avec ce qu'ielles voient. Mais les jeunes sont loin d'être un groupe homogène et le contexte de réception des images pornographiques joue un grand rôle dans la capacité des individus à faire la part des choses. C'est pourquoi il est important, d'une part, de ne pas considérer que les jeunes sont privé·e·s d'esprit critique et de capacité d'analyse face au porno, et, d'autre part, de leur offrir une éducation sexuelle, culturelle et numérique qui favorise une compréhension de ce média.*

# “ Les jeunes sont exposés à la pornographie.

*Les enquêtes sur la consommation de pornographie montrent qu'il est rare que des individus tombent par hasard dessus. Quand les jeunes voient de la pornographie, c'est généralement qu'ielles sont actif·ve·s et la cherchent afin d'en regarder. Les jeunes ont accès à une pornographie qui leur est interdite et qui n'est aucunement faite pour elleux et cela mérite notre attention. Cependant, l'utilisation récurrente du terme «exposition» à la pornographie ne reflète pas la réalité. Les jeunes ont le pouvoir d'agir et en font usage pour regarder du porno.*

# Chapitre six

# Tous pornographes

## Correspondance sexuelle

Selon la définition qu'on donne à la pornographie, il est tout à fait possible et même probable que nous en produisions nous-même. Que ce soit des images, des textes, des audio ou des lettres, les professionnel·le·s n'ont pas le monopole de la création de matériel excitant et explicite et des compétences en matière de mise en scène érotique. D'une certaine manière, nous sommes tou·te·s des pornographes.

Aujourd'hui, les échanges érotiques passent beaucoup par le numérique. Il est impossible de parler de sexualité sans considérer les pratiques numériques qui y sont liées, autant chez les jeunes que chez les adultes. Le sujet est important et l'éducation qui l'accompagne doit prendre la mesure des enjeux tant il est clair que l'usage du numérique est à la fois nouveau et en augmentation. Il ne faut cependant pas oublier que la production de contenus ayant pour objectif d'exciter ses partenaires n'a pas attendu le numérique pour exister. Les usages sexuels d'Internet s'inscrivent dans une continuité des pratiques, plus que dans une rupture. Ces correspondances et les échanges de photos érotiques de soi cristallisent des enjeux de pouvoir et en font une lunette grossissante pour les identifier et en discuter. Ces rapports de pouvoir ne sont pas spécifiques au numérique et sont ceux qui structurent notre société.

Si notre compréhension de ce qu'est la sexualité est parfois restrictive et se limite à une sexualité «présentielle» et physique, il existe de nombreuses pratiques à distance qui incluent la création de matériel érotique. Ces échanges ne peuvent être dissociés de la sexualité physique. Quand on se trouve à distance de son/sa partenaire, la sexualité n'est pas mise en pause. Les correspondances sexuelles sont normales et légitimes, et constituent parfois une ressource importante, notamment pour les jeunes ne vivant pas en ménage et n'ayant pas la liberté de passer tout le temps qu'ielles souhaitent ensemble.

Comme nous l'avons vu, la compréhension de ce qu'est la pornographie ou de ce qui relève du pornographique est sujet à discussion. La majorité des gens qui produisent des contenus à visées érotiques n'ont pas d'intention pornographique. Peu de gens ont envie de se définir comme un·e pornographe ou comme une pornstar. Cependant, il est intéressant d'approcher ces contenus sous la catégorie «pornographie». Cela permet de questionner la définition elle-même, et peut-être de se la réapproprier. Et puis, d'un point de vue juridique, les contenus explicites ayant pour objectif d'exciter sexuellement ont des chances d'être reconnus comme tels, et quand ils impliquent des mineur·e·s, d'entrer dans la définition de la pédopornographie.

À ces échanges sexuels ou érotiques, il faut ajouter un autre type d'échanges numériques qui n'est pas de nature sexuelle, mais qui concerne la sexualité[106]. Ces discussions autour de la sexualité prennent lieu sur les réseaux sociaux, sur les messageries instantanées… Ils comprennent une forte dimension genrée: les filles discutent entre elles de ce qu'elles font avec leur(s) partenaire(s), se renseignent et échangent, notamment sur la légitimité de telle ou telle pratique. Les garçons, eux, utilisent ces espaces pour sociabiliser, prendre part au groupe «de mecs» et construire leur identité de genre. Pour les jeunes LGBTIQ+ exclus de ces échanges, l'espace numérique permet de se mettre en réseau et de partager des messages avec d'autres membres de la communauté. Ces pratiques ne s'inscrivent pas dans des échanges de nature sexuelle, mais, nous le verrons, elles ne peuvent en être complètement dissociées

106. Yaëlle Amsellem-Mainguy et Arthur Vuattoux, *op. cit.*, pp. 117-144.

et doivent être discutées dans le cadre d'une éducation sexuelle autour du matériel érotique et pornographique.

## Rapports de pouvoir

Comme le montrent Amsellem-Mainguy et Vuattoux[107], les usages numériques qui entourent la sexualité sont divers. Les relations sociales, affectives et sexuelles n'échappent pas au numérique puisqu'elles s'y inscrivent. Le numérique fait partie des relations, comme le téléphone et les lettres avant lui. Les conversations passant par le numérique sont une extension, une continuité, des conversations de vive voix et des relations du monde physique et, comme le disent Lucie Ronfaut-Hazard et Mirion Malle, *Internet aussi, c'est la vraie vie*[108] ! Par conséquent, il est normal que le numérique soit un espace de sexualité et d'échange de contenus explicites ou érotiques. Tout comme il est normal que les jeunes s'intéressent à la sexualité à partir de la puberté et la découvrent au sein de relations physiques, il est normal qu'ielles utilisent les espaces numériques pour explorer le relationnel sexuel, tout comme le font les adultes.

Les échanges sexuels liés au numérique doivent répondre aux mêmes critères que les relations physiques : le consentement. Or, les enjeux que cristallisent l'envoi de matériel érotique et notamment l'envoi de mises en scène de soi revêtent une composante de rapport de pouvoir et de genre puissante. Ce sont principalement les filles qui envoient des photos d'elles à leur partenaire. Et ce sont principalement les garçons qui en font la demande. Les enjeux et les risques pour les filles mettent souvent la question du désir personnel (une composante essentielle du consentement) au deuxième plan. D'une part, elles témoignent d'une forte pression à répondre à ces demandes pour ne pas décevoir leur partenaire ou parce que ces photos sont une forme de « preuve d'amour » et un engagement. D'autre part, elles endossent seules le risque réputationnel que cet échange implique. Cette lourde

107. Amsellem-Mainguy et Vuattoux, *op. cit.*
108. Lucie Ronfaut-Hazard et Mirion Malle, *Internet aussi, c'est la vraie vie!* Montreuil, éd. La ville brûle, 2022.

charge s'ajoute aux autres responsabilités et injonctions qui leur incombent encore de manière largement inégalitaire : la charge contraceptive, celle de poser des limites et de freiner les garçons, l'impératif d'inscrire leur entrée dans la sexualité dans le cadre amoureux[109]… L'entrée dans la sexualité revêt alors pour les filles également une part d'apprentissage de normes et de double standard, de ce qui est jugé acceptable et ce qui ne l'est pas. Et l'envoi de photos cristallise cet apprentissage entre injonction à être désirables et à entretenir le désir dans la relation et injonction à la respectabilité. L'exploration des désirs et du plaisir dans ce contexte est une gageure. C'est pourquoi il est important de renforcer les filles dans leur confiance en elles et en leur capacité d'agir, notamment en leur faisant confiance et en respectant leurs choix, leurs centres d'intérêt…

Les garçons, eux, envoient peu de photos d'eux et l'échange est souvent à sens unique[110]. La conscience de soi, la forte charge sexuée du corps féminin, les compétences acquises pour être « belles » et désirables donnent de fait aux filles de plus grandes compétences pour se mettre en scène[111]. Le fait d'envoyer des photos à sa partenaire fait, en quelque sorte, moins partie du contrat relationnel pour les garçons qui ont de moins bonnes compétences d'érotisation de leur corps dans une société où l'on encourage que peu les hommes hétéros à se percevoir comme objet du désir des femmes. Ces échanges sont donc une charge qui pèse presque totalement sur les épaules des filles, mais qui est rarement à leur initiative – elles sont d'ailleurs nombreuses à témoigner de l'envoi de ces photos alors qu'elles n'en ont en pas envie.

Ces échanges peuvent être consensuels et égalitaires et les filles peuvent être à l'initiative de l'envoi de matériel les mettant en scène. En soi, l'échange de photo érotique n'est pas un problème. Or, le double standard encore très fort aujourd'hui et les rapports de pouvoir qu'on peut observer notamment chez les jeunes

109. Michel Bozon. *op. cit.*

110. Il est à noter que les hommes sont en revanche nombreux à envoyer des photos de leur pénis sans le consentement du/de la destinataire – parfois de parfait·e·s inconnu·e·s ou des célébrités. Ces *dick pics* sont une violence sexuelle largement thématisée. J'en ai moi-même reçu et c'est, de fait, très violent et illégal.

111. Yaëlle Amsellem-Mainguy et Arthur Vuattoux, *op. cit.*, p. 142.

– mais également chez les adultes – posent un cadre inégalitaire et peu propice à l'exploration de ses désirs ; et donc, au consentement. Il ne s'agit donc pas de condamner l'envoi de photos de soi – cette condamnation participant à la stigmatisation et renforçant le double standard. Mais il s'agit de questionner, notamment avec nos enfants, les conditions du consentement et le double standard. Si une jeune fille est menacée de violences sexistes à la suite d'envoi de photos d'elle, comment peut-elle être en mesure de consentir librement ou d'explorer son désir de se mettre en scène de manière érotique ? L'exploration de l'échange ne peut se faire qu'en sécurité. Or, aujourd'hui, cette sécurité n'existe pas, et les filles restent les uniques tributaires de ces conséquences. La question qu'elles se posent n'est pas « est-ce que j'ai envie ou pas », mais « qu'est-ce que je risque si je dis oui et qu'est-ce que je risque si je dis non ». Il est donc impératif d'éduquer nos filles à remettre leurs désirs au centre de leurs pratiques tout comme il est impératif d'éduquer nos garçons vis-à-vis des violences que représentent la stigmatisation et le « revenge porn ».

**En pratique**

*Je suis engagée de longue date dans la lutte contre la stigmatisation dont les filles et les femmes font l'objet. Je me positionne donc fortement contre tous les messages qui tentent de définir quels sont les comportements adaptés, acceptables ou sécurisés pour les femmes. En effet, aucun comportement ne permet aux femmes d'éviter les violences. Ces règles servent davantage à blâmer les femmes quand elles vivent des violences. « Qu'est-ce que tu portais ? » reste une question qu'on entend souvent, même si les choses évoluent. De ce fait, de nombreuses personnes m'ont demandé ce qu'il convenait de faire lorsqu'une jeune fille s'habillait de manière « provocante » ou envoyait des photos d'elle qui pourraient être utilisées ensuite pour la stigmatiser. Faut-il la décourager ? La « ramener dans le droit chemin » ? C'est une question délicate. Voici ce que je conseille toujours :*
*Ne nous dites pas comment nous comporter, dites-leur de ne pas violer.*

*Commencez par responsabiliser vos fils. Ce sont les hommes qui agressent sexuellement dans l'immense majorité des cas – ce ne sont pas les minijupes qui violent, mais les violeurs. Parlez de consentement avec vos fils, de stigmatisation et de double standard, et rappelez-leur qu'une personne ne mérite jamais de se faire agresser sexuellement, quel que soit son comportement. Seul l'agresseur peut prendre la décision d'agresser ou de ne pas agresser. À lui seul appartient la responsabilité de la décision et de l'acte. Agir de violence est le fait des auteur·rice·s de violence et de personne d'autre.*

*Vous craignez peut-être que vos filles se fassent agresser et c'est normal. Mais le monde doit évoluer vers une société où les parents craignent tout autant que leurs fils ne soient violents. La culpabilité doit changer de camp et notre devoir de parents est primordial dans ce champ-là.*

*Rappelez à vos fils que partager des images sans l'autorisation de la personne qui est dessus est une agression sexuelle et relève potentiellement de la pédocriminalité. Rappelez-leur que la masculinité n'est pas construite sur l'oppression et la stigmatisation des femmes et qu'être un homme, ce n'est pas être supérieur ou avoir le droit de disposer du corps de l'autre. Discutez avec eux des influenceurs masculinistes et des groupes tels que les Incels (involontairement célibataires, des groupes terroristes qui ont tué des femmes à de nombreuses reprises pour se venger du fait qu'elles ne voulaient pas sortir avec eux). Regardez avec eux des vidéos ou des podcasts sur le sujet et déconstruisez ensemble cette vision de la masculinité violente.*

*Donnez à vos filles les clés de lecture sur les codes vestimentaires et les messages qu'ils envoient sans les stigmatiser. N'oubliez pas que dire «si tu t'habilles comme ça, tu risques de te faire agresser» ou «si tu envoies des photos, tu risques de te faire harceler» comporte un risque. Si une agression arrive bel et bien – agression dont elle ne serait nullement responsable – elle pensera peut-être que c'est sa faute. Cela risque de l'empêcher de se défendre, de dire non ou de dénoncer puisque, après tout, elle l'aurait bien cherché.*

*Rappelez à vos filles qu'aucun comportement de leur part ne justifie une agression sexuelle. Invitez-les à vous parler des micro-agressions qu'elles pourraient subir dans les transports ou dans la rue. Donnez-leur des clés pour se défendre et renseignez-vous ensemble sur l'autodéfense féministe. Si vos filles subissent des agressions, soutenez-les. Les phrases-clés sont «je te crois», «tu as bien fait de m'en parler», «tu n'y es pour rien», «seul l'agresseur est responsable», «je te soutiens.» Ne menacez pas de vous retourner contre l'agresseur et demandez-lui quels sont ses besoins. En cas de questions, adressez-vous à des associations féministes ou des centres de prévention des abus sexuels de votre région. Vous trouverez des informations à ce sujet dans le chapitre «ressources» à la fin du livre.*

*Rappelez à vos enfants que les filles et les garçons ont les mêmes droits en matière de sexualité, que la seule règle est le consentement libre et éclairé et que la stigmatisation, le* slutshaming*, est une violence sexiste. Aucune femme ne mérite d'être insultée pour sa sexualité prêtée ou avérée du moment qu'elle est mutuellement consentie. Aucune femme ne mérite d'être agressée et aucun comportement ne justifie ces agressions, qu'elles soient verbales, physiques ou symboliques.*

## Le mal nommé « revenge porn »

Les filles et les garçons s'identifiant hétérosexuels créent des espaces de discussion en non-mixité autour de la sexualité. Ces lieux d'échange notamment numériques sont utilisés par les filles pour parler de leur sexualité relationnelle – considérée comme un sujet légitime – avec leurs amies. C'est également un espace qui leur permet d'échanger sur le caractère «acceptable» du matériel qu'elles souhaitent envoyer à leur partenaire.

Pour les garçons, ces espaces sont plutôt dédiés à la sociabilisation. L'échange d'informations sur la sexualité y est moins fréquent que l'échange de blagues ou de matériel visant à se situer dans le groupe et à être accepté par ses pairs. C'est également un espace d'affirmation de la masculinité et de l'hétérosexualité, où exprimer ses désirs envers les femmes et prouver son expérience sexuelle sert à affirmer qu'on est un homme[112]. À ces fins, il n'est

112. Cette identité présente une forte composante hétéronormative.

pas rare que des photos ou des vidéos soient partagées sans le consentement de la personne qui y est mise en scène.

Certains de ces contenus ont été produits avec le consentement de la personne, voire produits par la personne elle-même et partagés avec un partenaire intime de manière consentie. Ce contenu est ensuite diffusé hors du cadre dans lequel il avait été créé initialement, et c'est cette diffusion qui est non consensuelle. Parfois, des personnes – le plus souvent des femmes – sont prises en photo ou filmées à leur insu et les images sont diffusées. Il existe également désormais de nombreuses façons de produire des contenus artificiels grâce à des intelligences artificielles, permettant de confondre le public. Des femmes n'ayant jamais participé à des tournages pornos se retrouvent dans des films pour adultes. Ces pratiques extrêmement graves – elles ont poussé de nombreuses jeunes filles au suicide – sont des violences sexuelles et non de la pornographie. De la même manière que le viol n'est pas de la sexualité, mais de la violence, le partage non consenti d'images montrant l'intimité d'une personne, ça n'est pas de la pornographie, mais une agression sexuelle. Il est donc fondamental, encore une fois, de remettre la question du consentement au centre de la conversation. Le consentement, c'est la différence entre sexualité et agression.

Ces pratiques sont souvent qualifiées par le terme « revenge porn » puisqu'elles étaient d'abord identifiées comme un moyen de se venger d'une ancienne épouse, conjointe ou amante. Ce qualificatif est pourtant inapproprié pour plusieurs raisons. Premièrement, aujourd'hui, cette pratique s'étend bien au-delà de l'ancienne relation amoureuse ou sexuelle. De parfaits inconnus volent des données sur Internet – des photos ou des films de plusieurs célébrités ont ainsi été dérobés par des pirates informatiques. Deuxièmement, la pratique n'a souvent rien à voir avec une vengeance et tient plus du divertissement et de la sociabilité masculine. Troisièmement, l'idée de vengeance entend une faute et une culpabilité de la part de la victime. Or, personne ne mérite en aucune façon les violences sexistes et sexuelles qu'ielle subit. Et, quatrièmement, ces violences ne sont pas de la pornographie, mais des agressions sexuelles.

Les vidéos et les photos sont souvent échangées via des canaux informels, à travers les fils de discussion appelés « groupe Ficha » notamment sur Telegram, connu pour son opacité[113] vis-à-vis de la justice. Des chaînes de discussion permettent de partager ces contenus et comprennent des dizaines, voire des centaines de milliers de personnes. L'augmentation des cas est flagrante depuis le confinement et vise en particulier les jeunes femmes de 15 à 17 ans. Les auteurs, de jeunes garçons à partir de 12 ans, participent à ces fils de discussion dans une volonté de socialisation et de divertissement. Ces pratiques s'inscrivent dans le large phénomène des violences de genre et sexuelles et permettent aux jeunes hommes de se créer une crédibilité, d'être reconnus par leurs pairs et de s'intégrer dans la communauté. Le mal fait aux femmes victimes n'est pas au centre : elles sont échangées sous le ton de l'humour et de la légèreté dans une pratique qui est souvent comparée à « un échange de cartes Pokémon[114] ». La matérialité des souffrances ou des personnes qui les subissent n'est pas conscientisée. On se tape dans le dos et on se félicite. On agresse sexuellement les femmes pour être reconnu par les autres hommes, il s'agit d'une construction de la masculinité, axée sur la violence et le sexisme. En cela, même si les caractéristiques de ces pratiques sont nouvelles, cette génération n'a, encore une fois, rien inventé.

Et cela fonctionne, car ainsi agissent les violences sexuelles : la culpabilité est endossée par la victime. Le double standard permet aux hommes une sexualité vantarde et légitime et impose aux femmes la honte et la stigmatisation. Ce cas de figure le prouve d'une manière effroyablement claire : une vidéo d'un couple hétéro ayant un rapport sexuel sera partagée fièrement par l'homme qui s'expose sans culpabilité, et il en sera récompensé socialement. La femme filmée se verra condamnée, insultée et violentée. Le coupable devient le héros et la victime

113. À ce propos, écouter « Geeks, trolls n° 038 ; Cie (1/2), Les Couilles sur la table, Binge Audio », consulté le 15 novembre 2023, https://www.binge.audio/podcast/les-couilles-sur-la-table/geeks-trolls-cie-1-2.
114. Mathilde Saliou, « En ligne, on s'échange du "revenge porn" comme des cartes Pokémon », *Slate.fr*, 26 octobre 2022, sect. Société.

la traînée. Pour comprendre ce phénomène, il faut appréhender « le stigmate de putain » dont parle Gail Pheterson dans son livre *le Prisme de la prostitution*[115] et que j'ai moi-même thématisé dans l'essai *Salope! Réflexions sur la stigmatisation*[116]. Il devient alors également pertinent d'analyser cela à travers le prisme de la pornographie, puisque en tant que travailleuses du sexe, les actrices pornos sont victimes de ce stigmate axé sur l'idée qu'une femme « comme il faut » a une sexualité discrète et invisible. De nombreuses femmes étaient en relation stable avec les hommes qui ont diffusé des contenus d'elles, certaines étaient même mariées avec eux. La légitimité de la sexualité en question n'entre pas en ligne de compte: condamnée pour avoir accepté d'être filmée ou photographiée (comme des actrices pornos) et surtout pour avoir été diffusée sans son consentement, la victime devient la coupable.

Les conséquences sur les femmes visées sont terribles, particulièrement sur les jeunes filles. Elles sont parfois identifiées, leur adresse physique et/ou numérique étant partagée dans le but de mener une campagne de harcèlement. Changements d'école, déménagements, agressions verbales et physiques... Ces violences ont des répercussions dramatiques sur la santé mentale et la santé physique des victimes. Il est donc absolument fondamental d'éduquer les jeunes quant aux impacts de telles pratiques et d'en saisir l'aspect misogyne.

S'il est traité de cette question dans un livre sur la pornographie et les jeunes, c'est parce que la condamnation morale dont font l'objet la pornographie en général et les actrices en particulier est une arme qui permet à ces violences de fonctionner. C'est parce que l'éducation et la responsabilisation vis-à-vis du numérique sont essentielles. C'est parce qu'il faut rappeler que le consentement est la règle centrale et que la sexualité n'est pas un lieu de culpabilité et de honte. Bien sûr, il serait tentant d'accuser le porno, puisque ses scénarios chosifient les femmes et les réduisent souvent à des corps dont on peut disposer. Cela est

115. Gail Pheterson, *Le Prisme de la prostitution*, éd. L'Harmattan, 2001.
116. Coline de Senarclens, *Salope! Réflexions sur la stigmatisation*, Vevey, éd. Hélice Hélas, 2014.

symptomatique d'une paresse intellectuelle et morale : la culture du viol est partout et doit être remplacée par une culture du consentement. La sexualité doit cesser d'être un outil de violence : elle est légitime. La diffusion d'images à caractère sexuel (consentie ou pas) ne devrait pas être un prétexte pour condamner une femme, qu'elle soit épouse ou hardeuse[117]. Stigmatiser les femmes ne devrait pas servir aux hommes à fonder leur pouvoir de groupe. Les violences dont sont victimes les actrices hard et les femmes dont des contenus intimes ont été diffusés sont fondées sur les mêmes mécanismes : non pas les pratiques sexuelles en elles-mêmes, mais la stigmatisation sexiste dont elles font l'objet.

**En pratique**

*Rappelez à vos garçons que l'échange de photos intimes est interdit à plusieurs titres (cf. chapitre suivant) et qu'au-delà de la loi, ces partages de photos ont des conséquences très graves sur les filles concernées. Rappelez-leur que plusieurs filles se sont suicidées à la suite de harcèlement. Proposez-leur de se mettre à la place de ces filles et d'imaginer ce qu'elles doivent ressentir.*

*Dites-leur qu'en tant que témoin, ils ont un rôle important à jouer pour dénoncer, soutenir les victimes et s'opposer à ces échanges. Proposez-leur de venir vous en parler si cela leur arrive. Rendez-vous ensemble sur le site www.stop-cybersexisme.com.*

*Rappelez à vos filles que personne n'est en droit d'exiger d'elles des photos intimes. Sans les stigmatiser, insistez sur le fait que c'est leur consentement et leur envie qui priment et que ces photos ne sont pas des preuves d'amour ou d'engagement.*

*Si vos filles sont victimes de ce type d'échange, prenez contact avec la police et consultez les centres de défense des personnes victimes d'infraction à la loi de votre région. Rappelez-leur qu'elles n'y sont pour rien et que rien ne justifie ce type d'agression. Rendez-vous également sur le site www.stop-cybersexisme.com pour davantage de conseils.*

117. Pornstar.

## Sexualité, normes et consentement

Pierre angulaire de toute discussion autour de la sexualité, le consentement est loin d'être une notion simple. Il mérite d'être discuté de manière approfondie et questionnée, tout au long de la vie, au sein des relations – qu'elles soient de nature sexuelle ou non – vis-à-vis de soi-même… Il est indispensable d'en parler avec ses enfants en profondeur, autant pour les aider à naviguer avec leur propre sexualité que pour leur faire prendre conscience des enjeux du consentement vis-à-vis de leur partenaire. Les inquiétudes concernant la consommation de porno des jeunes montrent que cet enjeu s'avère central: autant parce qu'il est souvent mal compris – autant par les adultes que par les jeunes – que parce qu'il représente une composante fondamentale dans l'entrée dans la sexualité des ados.

En ce qui concerne la sexualité, si le terme *consentement* est utilisé, un consentement libre et éclairé, c'est parce que c'est le minimum requis. En effet, on aimerait certainement qu'en matière de choix sexuels, ce soit l'envie, le désir et l'enthousiasme qui soit moteur des décisions. Or, les choses sont naturellement plus complexes et le consentement, quand bien même il peut s'agir d'une notion insatisfaisante et limitative, reste néanmoins un socle indispensable.

Consentir, c'est «accepter que quelque chose se fasse[118]». Donner son accord, c'est accepter un contrat tacite et adhérer à l'initiative et la proposition d'autrui. C'est prendre une décision, faire un choix. Faire le choix du «oui» ou le choix du «non». Pour être en mesure de faire ce choix, il faut donc que le «oui» soit une option aussi bien que le «non». Et cela implique de nombreux paramètres, notamment dans le registre de la sexualité.

Consentir, c'est ne pas être à l'initiative de la proposition. Ainsi, dans le langage courant et dans une vision communément admise des rôles de genre, ce sont les hommes qui proposent et

118. Définition du Larousse.

les femmes qui consentent[119]. Ces représentations sont le témoin du lourd poids des rapports de genre qui pèse sur la notion de consentement. De fait, le lieu de la sexualité est utilisé comme un outil de violence envers les femmes, à travers les violences sexuelles et la stigmatisation de la sexualité féminine, axé sur un double standard qui, quand ils se produisent ensemble, sont constitutifs de la culture du viol. Les représentations et la matérialité des violences placent souvent les femmes dans une position de « défense » et « passive » vis-à-vis de l'initiative en matière de sexualité.

Les normes, le double standard[120], les violences, la culture du viol et les rapports de pouvoir du genre composent un environnement qui influence considérablement les prises de décisions ; et donc, la notion de consentement. La stigmatisation dont sont victimes les femmes quand elles sont sexuellement actives met parfois la notion de désir au second plan, au profit d'une prise en considération du risque réputationnel. Dire oui, consentir, quand bien même on en a envie, est parfois dangereux. Dire non, ne pas consentir, peut être *imposé* par la nécessité de protéger sa réputation. Or, ce non « de principe » est un élément souvent utilisé par les garçons pour justifier le fait d'insister[121]. Les filles disent « non » pour ne pas passer pour des « putes », et les garçons doivent les pousser, convaincre et leur mettre la pression – cela devient même une expression de l'identité de genre masculine. Le manque de liberté à consentir devient un argument constitutif de la culture du viol : l'idée que, puisque les femmes doivent dire non pour être respectées, en fait, quand elles disent non, ce n'est pas vraiment qu'elles n'ont pas envie. Et, de fait, être en mesure de dire oui sans risque de se voir stigmatiser est une composante indispensable pour être à l'écoute de ses envies et de ses désirs et à l'écoute de ses limites. Lutter contre le sexisme et la

---

119. Yaëlle Amsellem-Mainguy, Constance Cheynel et Anthony Fouet, *op. cit.*, p. 58.
120. Évaluation différente de la même situation en fonction du statut d'un individu. Par exemple, un homme qui accumule les conquêtes sera valorisé alors qu'une femme ayant le même comportement sera stigmatisée.
121. Yaëlle Amsellem-Mainguy, Constance Cheynel et Anthony Fouet, *op. cit.*, p. 58.

stigmatisation est donc un élément central dans une lutte contre les violences sexuelles et la culture du viol[122].

Nous ne sommes pas des êtres complètement libres, nos décisions reposent sur des normes sociales, notamment en matière de sexualité. Ces normes sont le produit d'une histoire et d'une culture. Elles sont véhiculées par de nombreux discours, dont le porno, le cinéma, la loi, les prescriptions religieuses, médicales… Consentir, dans ce contexte, c'est aussi se plier à des normes. Ces normes concernent de nombreux aspects de la sexualité. Avant tout, elles concernent les scripts, les comportements et les pratiques sexuelles, certaines pratiques étant perçues comme légitimes et d'autres comme déviantes. Elles guident les choix que l'on fait en ce qui concerne la sexualité, notamment les choix des femmes en charge de cadrer la sexualité et les désirs masculins réputés sans limites[123]. À ce titre, nous l'avons vu, le porno cristallise les angoisses. Cependant, que les normes soient véhiculées par le porno ou par des modèles traditionnels, le problème est le même : elles codifient et influencent le consentement.

Les rapports de pouvoir sont également une composante forte dans la capacité à prendre une décision, à refuser, à consentir et à se défendre. Le groupe des jeunes, nous l'avons vu, n'est pas homogène. Les rapports sociaux interviennent et classent les individus, distribuant du même coup le pouvoir de s'affirmer ou au contraire privant certain·e·s de leur capacité d'agir. Les rapports de genre, bien sûr car, en matière de sexualité, le genre fonde des comportements attendus et des positions au sein des relations. Le niveau socio-économique, l'orientation sexuelle ou identité de genre dans un cadre où l'hétéronormativité est forte, le validisme et la race sont d'autres éléments qui se croisent pour composer les capacités individuelles à prendre des décisions. Le consentement doit être lu à travers le prisme de ces rapports sociaux sans pour autant nier la capacité d'agir des jeunes.

122. J'en parle largement dans l'essai *Salope! Réflexions sur la stigmatisation*, *op. cit.*

123. Michel Bozon, *op. cit.*, p. 121.

## *Consentement et travail du sexe*

Le travail du sexe questionne fortement la notion de consentement en matière de sexualité. Certain·e·s n'hésitent pas à qualifier le travail du sexe de viol, niant la capacité d'agir des personnes qui exercent cette activité. Les activités sexuelles tarifées ne pourraient être consenties puisqu'elles ne sont pas motivées par le désir, l'amour, la relation conjugale... Cela fixe une liste de raisons valables pour avoir une activité sexuelle (le désir, l'amour, le devoir conjugal...) et une liste de raisons non valables (l'argent). Le consentement, en tant que pesée des intérêts et prise de décision sur une base subjective, doit donc constamment être remis au centre des débats. Les femmes qui, par exemple, décident de tourner dans les films pornos sont-elles en mesure de consentir ? Le sont-elles plus ou moins que celles qui décident de travailler dans des conditions pénibles dans des usines ? Et si nous décidons que non, sur quelle base nous appuyons-nous ? Qui décide ?

Le consentement est la seule expression émanant des individus. Dans le cadre de l'état de droit – on n'a pas le droit de consentir à tout, la loi prévaut – le consentement est la seule expression subjective de l'individu. Si on nie le consentement, cela veut dire qu'on nie la capacité des individus à prendre des décisions et que l'on confie cette capacité à une entité extérieure qui fixe les règles. Bien sûr, on peut considérer que le consentement n'est qu'une notion imparfaite puisque nos décisions sont motivées par des impératifs et un manque de libertés – notamment économiques. Mais si on décide de ne plus se fier à cette notion de consentement, on décide de se diriger vers une société dans laquelle les règles sont fixées par celleux qui décident d'en haut, et non par les gens elleux-mêmes. Si la notion de consentement est insatisfaisante, cela constitue une motivation supplémentaire pour améliorer l'égalité – notamment économique –, la liberté et la capacité d'agir des individus. Renoncer au consentement, c'est abandonner un projet de société au sein de laquelle chacun·e décide pour ellui-même ce qu'il convient de faire en fonction des paramètres et des conséquences dont seuls les individus ont connaissance.

Dans le travail du sexe comme ailleurs, c'est le consentement et l'autodétermination qui doivent primer. Pour garantir les conditions indispensables à l'exercice d'un consentement libre et éclairé, le respect et la reconnaissance du travail du sexe comme étant une activité légitime sont la seule mesure efficace.

*Je reviens de manière approfondie sur le consentement «en pratique» dans le prochain chapitre.*

## « Les jeunes ne devraient pas regarder de porno parce que cela ne leur permet pas d'apprendre la sexualité.

*Il y a plein de raisons pour lesquelles les jeunes ne devraient pas regarder de porno. Son manque de vertu éducative n'en fait pas partie. On a recours à de nombreux contenus qui n'ont pas d'autres prétentions que de se divertir et cela ne pose pas de problème. Visionner du porno trouve généralement sa motivation dans l'idée de passer un bon moment, et non d'apprendre ce qu'est la sexualité. Et c'est parfaitement O.K. Craindre que le porno ne joue le rôle d'éducation sexuelle est un aveu d'échec quant à notre capacité à donner aux jeunes les informations dont ielles ont besoin pour entrer dans la sexualité avec assurance et sécurité.*

## « La sodomie et la fellation sont des pratiques issues du porno.

*J'ai rencontré cette contrevérité plusieurs fois à travers mes recherches, que ce soit dans les médias ou dans des enquêtes. Elle est particulièrement intéressante, car elle montre l'utilité de la figure repoussoir du porno et elle atteste que les normes sexuelles classent certaines de nos pratiques comme «pornographiques».*
*La fellation et la sodomie sont évidemment des pratiques qui préexistent au porno et que le porno relate à travers l'histoire. Le porno raconte la sexualité humaine et non l'inverse.*

# Chapitre sept

# En parler, et comment

Ce chapitre a pour objectif de donner des pistes de discussion aux parents. C'est une boîte à outils, des propositions. Et en matière d'éducation à la sexualité et au porno, il n'y a pas de règles absolues. Ceci n'est ni une liste exhaustive ni une liste dont il faut cocher toutes les cases. Certains éléments peuvent être utiles, d'autres non. C'est à vous qu'il appartient de vous approprier cette question et ces discussions sans injonctions. Et de l'adapter à l'âge et à la sensibilité de vos enfants, en fonction de vos valeurs et de vos besoins.

## La discussion

### *Pourquoi en parler ?*

**Les jeunes regardent du porno :** c'est une réalité. Cela peut arriver dès qu'ielles ont accès à un ordinateur, une tablette ou un téléphone, et ce, à la maison ou en dehors de la maison – sur les écrans d'autres enfants. Si nous avons peu de prise sur cette réalité, nous avons en revanche la possibilité de jouer notre part en parlant avec nos enfants.

**Le porno est un tabou** qu'il faut briser afin que les enfants osent venir nous poser des questions ou nous prévenir s'ielles sont dérangé·e·s par des contenus. C'est à nous d'informer nos enfants de l'existence du porno afin qu'ielles sachent qu'ielles ne sont pas seul·e·s avec ça et que c'est un sujet dont on peut parler.

**Les enfants doivent savoir qu'on est dans leur camp.** Les tabous autour du porno et les discours à ce sujet pourraient donner aux enfants qui ont vu du porno le sentiment qu'ielles ont fait quelque chose de répréhensible. Ielles pourraient avoir peur de nous décevoir ou de se faire gronder. Il est important qu'ielles sachent que s'ielles voient du porno, ielles ne seront pas accusé·e·s.

**Créer un climat de confiance et de complicité** donne les meilleures garanties possible que nos enfants viendront nous trouver s'ielles ont besoin d'aide. Aborder la question de manière non critique et ouverte favorise les échanges et contribue à ce que nos enfants se sentent en sécurité auprès de nous, quelles que soient les circonstances.

**Il y a de nombreuses choses à dire à propos du porno.** Avoir des conversations à ce sujet est la meilleure façon de nous assurer que nos enfants savent ce qu'il y a à savoir sur ce média particulier. C'est cela qui permettra aux jeunes de développer leur esprit critique – face au porno et au reste !

## *Comment en parler ?*

**Tout au long de la vie.** L'éducation sexuelle commence dès le plus jeune âge. Apprendre aux enfants à désigner les parties de leur corps ou à respecter le consentement commence dès la naissance[124]. C'est grâce à une conversation sur la sexualité tout au long de la vie qu'il sera possible d'aborder la question de la pornographie quand cela sera nécessaire – dès que les enfants ont accès à un écran connecté. Cette discussion ne peut pas avoir lieu en une fois, il s'agit plutôt d'un sujet qui peut revenir dans la conversation quand c'est utile. Ainsi, ce n'est pas un tabou, et nous ne sommes pas gêné·e·s d'en parler.

---

124. Mathilde Baudy et Tiphaine Dieumegard, *Le Petit Illustré de l'intimité*, Albertville, éd. Atelier de la belle étoile, 2021.

Nous avons tous vécu ou entendu des histoires de parents qui, bien trop tard, décident d'avoir, une fois, « la discussion » sur la sexualité avec leur enfant alors qu'ielles n'en ont jamais parlé jusqu'alors et que c'est donc devenu de fait un tabou. Ces discussions sont généralement pénibles et gênantes et ne produisent pas un échange à la hauteur des enjeux. La récurrence de ces histoires tend à faire penser qu'il est impossible d'avoir une discussion détendue sur la sexualité ou le porno avec ses enfants alors que ce n'est pas le cas. Si le sujet est abordé de manière adéquate tout au long de la vie, il n'y a pas de raison que cela soit gênant ou pénible.

Peut-être n'avez-vous même pas parlé de sexualité avec vos parents. Cela n'est en aucun cas une fatalité et il n'y a aucune raison pour que cela vous empêche d'en discuter avec vos propres enfants. Demandez-vous ce qui aurait permis cette discussion, ce qui manquait et de quoi vous auriez eu besoin. Et appropriez-vous votre propre éducation : elle arrive à un autre moment dans un autre contexte. Les schémas ne se répètent que si on les répète, et rien ne vous y oblige. Vous avez le pouvoir d'agir.

**De manière adaptée à l'âge et à la sensibilité des enfants.** Il n'y a pas de règle absolue en matière d'âge, car nous sommes tou·te·s différent·e·s et chaque parcours de vie est unique. En tant que parent, vous savez mieux que personne à quel âge il s'agit d'aborder les questions liées à l'éducation sexuelle. Cela peut commencer au plus jeune âge, simplement en désignant chaque partie du corps par son nom, y compris les parties génitales, afin de faire comprendre qu'il n'y a pas de tabou à nommer les choses et que les mots et les échanges sont O.K.

Rendez-vous dans le chapitre « ressources » pour trouver des soutiens. En cas de besoin, adressez-vous aux centres de santé sexuelle de votre région. Nous ne recevons pas d'éducation à l'éducation sexuelle, mais de nombreux·ses professionnel·le·s et ressources existent pour vous aider à développer une éducation sexuelle tout au long de la vie[125].

125. « Comment parler de sexualité avec vos enfants ? », ge.ch.

**En s'appuyant sur des supports.** Il est toujours plus facile de discuter ce quelque chose quand on a un prétexte. Des livres, des podcasts, des séries ou des articles peuvent vous servir de point de départ pour aborder la question du porno. Les supports d'éducation sexuelle tels que la brochure *Hey You* de Santé Sexuelle Suisse ou le film *Sur Internet, tout n'est pas pour moi* de la fondation Action Innocence (à l'attention des 8 à 10 ans) peuvent être consultés ensemble, puis servir de base de discussion. Soyez créatif·ve !

**De manière non jugeante et ouverte.** Il est important d'avoir une conversation sur un ton ouvert et non critique. La morale (le bien et le mal) et les normes (ce que sont une bonne sexualité et une mauvaise sexualité) devraient rester hors de la discussion. Le but n'est pas de juger l'usage éventuel de porno. Interdire ou désapprouver pourrait avoir comme effet de tenir les jeunes à distance s'ielles rencontraient des problèmes liés au porno ou de leur donner une image dégradée de leur sexualité s'ielles appréciaient le porno (j'aime le porno alors que c'est « mal », ma sexualité est-elle donc anormale ?)

**Dans l'échange et l'écoute.** N'oubliez pas que vos enfants savent beaucoup de choses et, parfois, plus que vous ! Échangez avec elleux et apprenez d'elleux autant que vous aimeriez qu'ielles apprennent de vous ! Soyez à l'écoute, intéressez-vous, ne partez pas du principe que vous avez raison, échangez ! Les représentations des enfants sur ce qu'est la pornographie ne correspondent pas toujours à ce qu'on s'imagine. Gardons un esprit ouvert afin de ne pas coller nos représentations sur un propos qui pourrait ne pas avoir de sens pour elleux.

**Dans le respect de l'intimité.** N'entrez pas dans l'intimité de vos enfants, et montrez-leur que vous la respectez. Renoncez aux questions trop frontales sur leurs éventuelles expériences de la pornographie. Montrez-vous disponible sans leur demander de vous rendre des comptes. Si vos enfants ne souhaitent pas aborder cette question avec vous, respectez leurs limites. Proposez d'en parler à un autre moment ou avec une autre personne de confiance. Si la communication est bloquée – à l'adolescence, ça arrive – n'hésitez pas à chercher de l'aide auprès de professionnel·le·s de la santé sexuelle ou de votre pédiatre. Vous trouverez des informations à ce sujet dans le chapitre « ressources » à la fin du livre.

N'oubliez pas que l'adolescence est une période d'exploration et de création de la fantasmatique. Imposer une discussion sur des aspects précis (notamment parce que nous sommes tombé·e·s par inadvertance sur des éléments de cette exploration) peut être humiliant, voire traumatisant, et peut créer des blocages autour des éléments qui, sans cela, auraient été anodins ou simple objet de curiosité.

**Respect de nos propres limites et émotions.** Peut-être, pour des raisons personnelles, n'êtes-vous pas prêt·e ou ne vous sentez-vous pas en mesure d'avoir ces discussions avec vos enfants. C'est O.K. Dans ce cas, identifiez des personnes de confiance qui pourraient jouer ce rôle. Vous pouvez aussi en parler avec des professionnel·le·s de la santé sexuelle qui reçoivent parfois des parents avec leurs enfants. Vous avez le droit de thématiser vos émotions, votre malaise ou vos limites, y compris auprès de vos enfants.

**Créer et entretenir un climat de confiance**

**Montrez-vous disponible et à l'écoute.**

**Établissez un cadre et des règles claires**: savoir quelles sont les limites est important pour se sentir en sécurité (même si elles sont testées ou dépassées).

**Montrer et encourager une attitude non violente.** Vous pouvez éduquer vos enfants, poser un cadre et le faire respecter sans violence. Si les limites sont dépassées et les règles non respectées, il est légitime d'en parler ou d'agir (sans violence): vos enfants s'y attendent s'ielles savent quels sont les règles et le cadre.

**Soyez prudent·e·s avec vos valeurs.** Vous pouvez exprimer et partager vos valeurs sans porter atteinte à l'identité de vos enfants ou à leur confiance en elleux et en leurs choix/décisions/goûts…

**Gérez vos émotions et ne vous laissez pas mener par ces dernières dans vos actions.** C'est normal d'avoir des émotions, et parfois d'être submergé·e par celles-ci: prenez le temps de les reconnaître, assumez-les (les émotions sont légitimes),

explicitez-les au besoin et mettez vos limites. Si les émotions sont trop fortes, trouvez des personnes-ressources pour gérer la situation à votre place.
**Acceptez les limites et la temporalité de vos enfants.**

**Une valeur positive.** Ce que l'on transmet avec une discussion sur le porno, ce sont des valeurs positives. Le respect du consentement, l'esprit critique, le savoir, etc., et ce, dans un esprit de partage et d'échange. C'est une super discussion ! C'est un moment de construction de la famille et de la complicité entre parents et enfants. Il n'y a aucune raison que cette discussion soit chargée négativement, au contraire. On peut créer une atmosphère positive autour de tout ça.

**Un peu d'humour.** Après tout, cela n'est pas si sérieux. D'ailleurs, le porno, c'est finalement assez burlesque, non ? Dédramatisons un peu tout ça et rions, nous en avons le droit. Rappelons-nous que le porno est avant tout un divertissement qui n'a, dans la majorité des cas, que peu d'importance dans la vie des gens. Il y a du ridicule dans le porno mainstream et dans les représentations qu'il propose. On peut aussi en rire, car rire, ça permet de s'allier. Et ça permet de lâcher les tensions et la honte.

### *Entrer en discussion*

Je suis mère de deux enfants, l'un d'eux a 12 ans. C'est notamment grâce à lui que j'ai commencé à réfléchir à la manière d'éduquer les enfants vis-à-vis du porno. Parfois, dès petit, il regardait des dessins animés sur YouTube, sur lequel nous téléchargions des films et des pop-up apparaissaient. J'ai pris conscience de ce qu'il serait irresponsable de ma part de penser être à même de le « protéger » d'images qu'il n'était pas en mesure de comprendre. Alors, j'ai abordé cela avec lui, alors qu'il devait avoir entre 5 et 7 ans. On peut trouver que c'est tôt pour aborder cette question, mais c'est à cet âge qu'ielles pourraient voir des images via les ordinateurs, téléphones ou tablettes, et c'est également à cet âge que, n'ayant pas les clés de lecture pour saisir de quoi il s'agit, ielles pourraient être le plus dérangé·e·s par ces images.

*Il existe des films qui ne sont pas pour les enfants. On appelle cela des films pour adultes ou des films pornos. On appelle aussi cela de la pornographie. Ces films montrent des choses que les adultes font entre eux quand ielles en ont envie, mais que les enfants ne peuvent pas faire ni avec d'autres enfants ni avec des adultes. Dans ces films, les adultes sont tout nus, souvent ils sont deux, et ils ont des relations sexuelles. Les relations sexuelles sont quelque chose de normal et de chouette quand on est adulte et qu'on en a envie, mais ce n'est pas pour les enfants. Regarder ces films, ce n'est pas de ton âge : c'est comme les films qui font peur, j'aimerais que tu ne les regardes pas.*

*Personne n'a le droit de te faire regarder des films pour adultes. Ni tes copains ni des adultes. On ne peut jamais forcer quelqu'un à regarder un film porno, et en montrer à des enfants est absolument interdit. Tu as toujours le droit de dire non si quelqu'un te montre un film pour adultes, même quand tu seras plus grand.*

*Tu ne dois pas te faire de souci si tu vois un film porno sans le faire exprès. Tu n'as qu'à fermer l'ordinateur ou quitter la pièce et venir me voir. Je ne te gronderai jamais parce que tu as vu de la pornographie et tu peux toujours venir m'en parler si tu as vu quelque chose qui t'a dérangé, qui t'a donné des émotions fortes ou si tu as des questions à ce sujet. Si tu préfères ne pas en parler avec moi parce que ça te gêne, tu peux en parler à une autre personne de la famille ou à un·e adulte de l'école, ton maître ou ta maîtresse ou à l'infirmier·ère scolaire.*

*Ce n'est peut-être pas très clair pour toi ce que je te raconte, et ce n'est pas grave, tu as le temps d'apprendre toutes ces choses-là. Si tu as des questions, tu as le droit de les poser. Ce n'est rien de très grave, juste quelque chose qui n'est pas pour les enfants, mais qui arrive parfois sur les ordinateurs sans qu'on l'ait cherché. Je veux juste que tu saches que ça existe pour que tu puisses réagir si jamais tu en vois.*

Cette conversation n'a pas eu lieu en une fois, et régulièrement, j'ai abordé avec lui des questions qui étaient en lien avec la sexualité. Cela n'a pas pris la forme de convocation pour parler d'un sujet précis, c'est plutôt un quelque chose qui est revenu de manière ponctuelle en lien avec ce qui se passait dans la vie familiale et parfois médicale.

Par exemple, quand il a eu autour de 9 ou 10 ans et que tou·te·s ses copains et copines et/ou lui-même ont eu leur propre téléphone portable, nous avons discuté de l'usage qu'il pouvait en avoir. Nous avons fixé les règles ensemble qui ont évolué au fil du temps jusqu'à aujourd'hui. Ce cadre est un élément important notamment en ce qu'il est sécurisant: pour lui et moi. Des règles claires et objectives sont sécurisantes pour tout le monde (même si elles sont parfois contournées).

*Nous avons déjà parlé de la pornographie il y a quelque temps. Maintenant que tu es plus grand, que tes ami·e·s ont des téléphones portables, il est possible qu'on t'en montre. La règle est toujours la même, personne n'a le droit de montrer de la pornographie à des enfants, même les autres enfants. Tu n'es jamais obligé de regarder des contenus pornos, même quand tu es adulte ou ado. Si tu en vois, tu peux toujours venir m'en parler, surtout si tu as des questions ou si tu as des émotions fortes et que ça te questionne.*

*Les gens qui font du porno essaient de faire des films qui nous plaisent et nous intéressent. Certaines personnes aiment ça, d'autres pas. Si tu vois des images pornos et que cela t'intrigue ou te plaît, même si ce n'est pas pour les enfants, sache que c'est normal parce que c'est le but de ceux qui fabriquent ces films. Mais souviens-toi que ces contenus ne sont pas faits pour les enfants et que c'est interdit de leur en montrer.*

*Ces films montrent la sexualité. Mais ce sont des films, ce n'est pas la réalité du tout. C'est comme* Spiderman, *ça montre des choses imaginées qui ne sont pas vraies et qui sont jouées par des acteurs et des actrices professionnel·le·s. Dans la vraie vie, la sexualité est différente.*

*La sexualité, c'est quelque chose qui peut être très chouette, mais qui peut faire aussi beaucoup de mal si on n'a pas envie et qu'on nous force. C'est pour ça qu'on n'est jamais obligé·e de regarder du porno. On n'est jamais obligé·e de rien avec la sexualité, et on ne peut jamais obliger personne à faire quelque chose. C'est très important de le savoir et de le comprendre. Personne n'a le droit de te forcer, et tu ne peux jamais forcer quelqu'un.*

*Peut-être que la sexualité ne t'intéresse pas encore et un jour certainement, ça t'intéressera, c'est tout à fait normal. Si tu as des questions à ce sujet, tu peux venir m'en parler, et si tu n'as pas envie d'en parler avec moi, il y a plein de gens qui connaissent très bien la question et dont le métier est de donner des informations à ce propos à ceux et celles qui en cherchent. Je pourrais te dire où aller poser tes questions si tu le souhaites.*

Aujourd'hui, mon fils a 12 ans. Nous parlons parfois de la pornographie, notamment dans le cadre de mon travail, et je me suis rendu compte de ce que, loin d'être une difficulté, la pornographie était au contraire une opportunité pour discuter des enjeux qui y sont liés et de la sexualité en général. Puisqu'il grandit, il nous est possible d'aborder les choses de manière plus précise. Chaque enfant est différent et c'est aux parents d'évaluer à quel moment il est possible d'en discuter.

*Quand on grandit, on commence à s'intéresser à la sexualité, chacun·e à son rythme. C'est normal de commencer à s'y intéresser et d'avoir des sensations et des émotions nouvelles à l'adolescence. C'est pendant l'adolescence que la majorité des gens découvrent la sexualité. Certain·e·s s'y intéressent plus que d'autres, certain·e·s ne s'y intéressent pas du tout. Tout est O.K., tout est normal.*

*La sexualité, ça peut être à deux, mais ça peut aussi être tout·e seul·e. La sexualité tout·e seul·e s'appelle la masturbation et c'est quelque chose de tout à fait normal. Il y a des zones de notre corps qui réagissent de manière particulière quand nous les touchons. Le pénis et le clitoris changent de forme quand on est excité·e. Le pénis et le clitoris deviennent plus gros et durs. Ça se voit plus sur le pénis parce que le clitoris est principalement à l'intérieur du corps. La vulve, quand on est excité·e, produit des sécrétions dans le vagin, qu'on appelle la cyprine. Toucher ces zones du corps donne parfois du plaisir, et quand on commence à découvrir la sexualité, on a parfois envie de découvrir ce plaisir tout·e seul·e, afin de connaître son corps. Et aussi parce que c'est chouette.*

*On découvre la sexualité chacun·e à son rythme. Parfois, ça commence par la masturbation. Et, parfois, nous regardons de la pornographie pour découvrir ce que c'est, pour apprendre des choses sur le sexe ou simplement parce que ça nous plaît et que ça nous excite. Et alors notre corps réagit comme je te l'ai expliqué.*

*Regarder du porno n'est pas un problème en soi quand on commence à être adulte et à avoir une sexualité tout·e seul·e ou à deux. Mais il y a beaucoup de choses à savoir sur le porno. C'est comme les autres films, tu vois bien que ce n'est pas comme dans la vraie vie, même si tu aimes bien les regarder. Le porno, c'est pareil, c'est un film, c'est de la fiction avec des acteurs et actrices qui racontent certaines histoires parfois aussi farfelues que* Star Wars. *Alors, si tu es d'accord, je vais te dire quelques trucs sur le porno.*

## Les grands thèmes

Il y a beaucoup de choses à dire à nos enfants et à nos ados à propos du porno. Voici ce que j'aimerais que mon fils sache. Tout n'est pas à exprimer en même temps, tout n'est pas adapté à tous les âges. Les parents sont souvent les plus à même de savoir quand parler à leurs enfants en fonction du moment où ils en sont, de leur sensibilité et de leur âge.

### *Plaisir*

*Dans le porno, tout le monde a l'air de prendre beaucoup, beaucoup de plaisir tout le temps, mais c'est de la comédie. Les actrices et les acteurs exagèrent pour communiquer leur plaisir au public. Dans la réalité, le plaisir est une chose qui vient et qui part, qui monte et qui descend ; parfois, on arrive à éprouver du plaisir et à en donner et parfois, ça ne marche pas. Si on croit qu'on doit donner et avoir autant de plaisir que les personnages des films pornos, on risque de penser qu'il y a un problème. Mais c'est juste que le porno n'est pas réaliste.*

*Le porno, c'est encore un domaine qui est maîtrisé principalement par des hommes, et qui s'adresse à des hommes qui sont attirés par des femmes. Souvent, le porno montre ce que des hommes trouvent excitant, mais qui, en vrai, ne donne pas tellement de plaisir aux femmes. Chez les hommes, le pénis est un organe du plaisir, chez les femmes, c'est le clitoris. Or, dans le porno, on s'intéresse principalement au pénis. Les femmes jouent un grand rôle dans le porno, pour donner du plaisir aux hommes mais, rarement, pour qu'on leur donne du plaisir. Faire en vrai ce qu'on voit dans le porno, ce n'est pas la meilleure manière de donner du plaisir aux femmes.*

*Dans le porno, les personnages ne communiquent presque pas sur ce qu'ielles font ou sur ce qui leur plaît. Dans la vraie vie, on peut demander à l'autre ce qui lui plaît et ce qui lui donne du plaisir. On peut en parler avant, pendant ou après. C'est la meilleure manière de savoir comment faire. Et si on ne sait pas quoi dire ou quoi répondre, c'est pas grave, on a le temps de le découvrir tout au long de la vie. On a le droit de dire «je sais pas», de dire «stop» ou «arrête» quand on n'aime pas une chose, et «continue» quand ça nous plaît. Dans la sexualité, c'est super de communiquer.*

*En tout cas, une chose est sûre, dans la vraie vie, il faut donner plus de place aux femmes et à leur plaisir que dans le porno. Les femmes ne sont pas là uniquement pour donner du plaisir, elles sont aussi là pour en avoir.*

## Excitation

*Parfois, on voit des choses dans le porno qui nous excitent, et ce n'est pas forcément des choses qu'on a envie de faire en vrai. C'est tout à fait normal. D'ailleurs, parfois, ce qui est dans certains pornos ne nous excite pas du tout, et ce qui est dans d'autres pornos, oui, car il y a plein de choses différentes dans le porno. La majorité du porno met en scène des femmes et des hommes, mais certaines personnes n'ont pas de désir pour les personnes de l'autre genre et sont attirées par les personnes du même genre. Il existe également des films pornos avec des personnes du même genre. Parfois, dans les films pornos, on voit deux filles faire du sexe ensemble, mais ce ne sont pas toujours des filles lesbiennes, et ces films sont souvent faits non pas pour exciter les filles lesbiennes, mais pour exciter des hommes hétérosexuels. Le porno lesbien ne ressemble pas à ça.*

*Certaines personnes sont excitées par le porno, d'autres pas. C'est normal, on a toutes et tous des choses différentes qui nous excitent. L'imagination est aussi quelque chose de puissant et de très riche. C'est chouette de cultiver aussi son imagination et d'explorer sa sexualité en dehors du porno pour que le porno ne devienne pas la seule source d'excitation possible. C'est O.K. de regarder du porno et d'être excité, mais si tu vois qu'il n'y a plus que le porno qui t'excite, alors ça vaut la peine d'y réfléchir, d'essayer d'autres choses et d'en parler. D'ailleurs, on peut faire du porno tout·e seul·e dans sa tête. Ça marche aussi et ça permet de développer son imagination !*

## Honte et culpabilité

Être excité·e par du porno est normal. Ce n'est pas le cas de tout le monde, mais c'est le cas de nombreuses personnes qui ont une sexualité et une santé tout à fait ordinaires, et ce, quelle que soit notre identité de genre ou notre orientation sexuelle. Et c'est un peu compliqué de composer avec ça, en tant que parent notamment, parce que la morale s'invite dans nos représentations. Les jeunes, tout comme les adultes, savent très bien que regarder du porno est jugé problématique, particulièrement pour elleux. Les témoignages et les questions des ados montrent qu'ielles se questionnent sur la « normalité » de cette consommation, ou sur l'excitation que certains contenus provoquent chez elleux. Il est important de dire aux jeunes qu'être excité·e par le porno est normal puisque ce sont des contenus faits pour ça.

*Le porno peut provoquer de nombreuses émotions. Des émotions agréables et des émotions désagréables. Souvent, ces émotions sont mélangées. On peut ressentir de la gêne, du dégoût et de l'excitation en même temps, c'est normal. Si tu vois du porno et que tu es excité·e, c'est quelque chose de normal, car les gens qui créent ces films cherchent à provoquer cela chez le public. Beaucoup de gens sont excités par le porno, et ces gens sont normaux. Peut-être que tu es étonné ou gêné par les choses qui t'excitent dans le porno. On ne sait jamais exactement pourquoi certaines choses nous excitent et d'autres pas. Le fonctionnement de tout ça est assez compliqué.*

*Certaines personnes se sentent coupables d'être excitées par le porno parce qu'elles pensent que regarder du porno, c'est mal, mais qu'elles en regardent quand même. Ça aussi, c'est normal. On n'a pas besoin de se sentir coupable d'être excité·e par certaines choses. Nos fantasmes ou ce qui nous excite, nous ne les maîtrisons pas vraiment et il n'y a pas de jugement à avoir là-dessus, ni envers nous-même ni envers les autres. Ce qui compte, c'est comment on se comporte avec les autres. C'est ça qui fait qu'on est quelqu'un de bien. Et ça, c'est très important, particulièrement dans le domaine de la sexualité.*

## Consentement

Le consentement libre, éclairé et affirmatif est la pierre angulaire de toute discussion sur la sexualité. Comme nous l'avons déjà vu, le consentement n'est pas un concept complètement satisfaisant, et il présente certaines limites. Cependant, c'est une base, un minimum requis et indispensable pour réfléchir à la sexualité et notamment à l'entrée de l'adolescence.

*Le consentement, c'est le fait d'accepter quelque chose. Dans la sexualité relationnelle, le consentement, c'est quelque chose de très important, car le sexe sans consentement, ce n'est pas de la sexualité, mais une agression sexuelle ou un viol. Pour pouvoir consentir, il faut être libre : si on oblige quelqu'un à dire oui, ce n'est pas du consentement libre. Insister, convaincre, faire du chantage, c'est priver la personne de liberté ; et donc, ce n'est pas lui permettre de consentir.*

*Pour pouvoir consentir, il faut aussi être en mesure de prendre des décisions. Quelqu'un qui dort, qui a trop bu ou qui est drogué ne peut pas consentir, car il n'a pas toute sa capacité de discernement. Les enfants ne peuvent pas non plus consentir à avoir des relations sexuelles à cause de ça : ielles n'ont pas encore la capacité de discernement à ce niveau-là. Un enfant ne peut pas consentir, et même s'il dit oui, cela ne veut pas dire que son consentement soit éclairé.*

*On dit parfois « qui ne dit mot consent ». C'est faux et archifaux. En matière de sexualité, le silence ne veut pas dire oui. En cas de doute, il faut toujours demander. Parfois, on consent ou on ne consent pas sans parler. C'est ce qu'on appelle le langage non verbal. Quand quelqu'un pleure, ne bouge pas, a le corps tendu, il dit non avec son corps. Parfois, on ne dit pas non avec la bouche, mais avec le corps. Il faut aussi l'écouter. Et toujours demander si on n'est pas sûr·e.*

*Le consentement, c'est vraiment important parce qu'on peut faire beaucoup de mal à quelqu'un si on ne respecte pas cette règle. Et le consentement doit être mutuel. On doit faire attention au consentement de l'autre et à son propre consentement. Les deux doivent être d'accord et avoir envie. On peut se poser la question à soi-même : « Est-ce que j'ai envie ? Est-ce que j'ai toujours envie maintenant ? Est-ce que j'ai envie de ça ? » Et on peut poser la question à l'autre : « Est-ce que tu as envie ? Est-ce que tu as toujours envie ? Est-ce que tu as envie de ça ? » Et c'est vraiment chouette une sexualité dans laquelle on arrive à discuter du consentement.*

*Le consentement est valable en tout temps. C'est pas parce qu'on a dit oui à un moment qu'on doit dire oui tout le temps. On s'arrête quand on veut, même si l'autre est frustré·e. On doit accepter la frustration, car être frustré·e, ça arrive, mais imposer des relations sexuelles non consenties, ça ne doit pas arriver. Rien ne justifie jamais une agression sexuelle ou la contrainte. Même si on a dragué quelqu'un, même si on l'a embrassé, même si on a commencé à se toucher, on a toujours le droit de dire non. TOUJOURS. Et on doit toujours respecter les limites de l'autre. TOUJOURS.*

*Si un jour tu as envie d'avoir des relations sexuelles avec quelqu'un, peut-être que vous pourriez parler de consentement avant. Vous pouvez aussi en parler après. C'est une discussion qu'on peut avoir avec nos partenaires. Simplement dire «le consentement, c'est important. Comment puis-je m'assurer de ton consentement et comment peux-tu t'assurer du mien?» Ça rend vraiment la sexualité plus chouette de pouvoir parler de ça.*

*Ce qui est super dans la sexualité, c'est que du moment que tout le monde a envie, on peut faire ce qu'on veut – en se protégeant contre les maladies et les grossesses non désirées. Du coup, la seule règle vraiment importante dans la sexualité, c'est le consentement. En parler permet d'explorer tout ce qu'on veut, à son rythme. Certaines personnes aiment une sexualité très sage, d'autres préfèrent des choses moins conventionnelles, et tout est O.K. du moment qu'on a trouvé la personne qui a les mêmes envies que soi pour les explorer.*

*Un autre truc super avec le consentement et le fait d'en discuter, c'est que, parfois, dans la sexualité, on croit qu'on doit forcément faire certaines choses, comme la pénétration, et que c'est normal de le faire quand on est en couple ou qu'on a des relations sexuelles. En fait, ce n'est pas vrai, il n'y a rien qui est «normal» en sexualité. Et en parler permet de se donner plus de liberté et de faire ce qu'on a vraiment envie de faire et pas ce qu'on croit qu'on doit faire. Parler, ça permet de tout questionner.*

*Dans le porno, le consentement n'est pas toujours pris au sérieux. Parfois, des personnages n'ont pas envie de sexe et on les force un peu ou beaucoup. C'est de la fiction. Dans les films, il y a souvent des scènes de violence mais, évidemment, ce n'est pas quelque chose à faire dans la vie. Certaines personnes sont excitées par les scènes où il y a de la contrainte. Certaines personnes sont même excitées par le fait de mettre de la contrainte dans leur sexualité. Mais c'est un jeu, pas une vraie contrainte. Ces personnes ont discuté avant de ce qu'elles voulaient faire et comment, et elles ont décidé d'un mot de sécurité pour dire stop. En réalité, que ce soit dans les films ou dans la sexualité, quand on «joue» la contrainte, le consentement est toujours présent. S'il ne l'est pas, ce n'est pas un film ou un jeu, c'est un viol.*

## *Aspects légaux*

Il y a des aspects légaux qui doivent être communiqués auprès des enfants et des jeunes afin de leur permettre de naviguer avec la pornographie, et notamment de se protéger.

*La pornographie est interdite aux moins de 16 ou 18 ans selon les pays. Cela veut dire qu'il est interdit de donner accès ou de montrer de la pornographie à des mineur·e·s de moins de 16 ou 18 ans. Ce ne sont pas les jeunes mineur·e·s qui regardent de la pornographie qui se rendent coupables, mais celleux qui leur donnent accès. Y compris les mineur·e·s. Cela veut dire qu'il est interdit de montrer du porno à ses ami·e·s mineur·e·s même quand on est mineur·e soi-même. L'échange de pornographie entre jeunes est donc interdit par la loi.*

*Que la personne soit mineure ou pas, montrer du porno à quelqu'un qui n'a pas envie d'en voir est une agression sexuelle. Si elle est mineure, c'est une agression sexuelle sur une personne mineure, ce qui est plus grave encore.*

*Quand on est mineur·e et qu'on partage des photos érotiques de soi, on partage en réalité du matériel considéré comme pédopornographique. Cela peut sembler exagéré, mais c'est une manière pour la loi de protéger les jeunes et les enfants en interdisant totalement de prendre des photos ou de créer du matériel pornographique avec des mineur·e·s. Il faut donc savoir qu'il est interdit de filmer une personne mineure, y compris soi-même, et de partager ce contenu.*

*Il est également interdit de partager des images ou des vidéos érotiques ou pornographiques avec des personnes qui n'ont pas donné leur accord pour le faire. C'est également une agression sexuelle envers la personne et c'est puni par la loi. Ça arrive très souvent que des filles se fassent voler des vidéos ou des photos, ou filmer/prendre en photo sans qu'elles soient au courant et que ces images soient diffusées sur des groupes ou des sites. Cela peut avoir des conséquences très graves : parfois, leur contact ou adresse sont diffusés et elles se font harceler de manière très violente. De nombreuses filles se sont suicidées à cause de ça. Les jeunes qui partagent ces images n'ont pas toujours conscience du mal qu'ils font ou des conséquences possibles, c'est pourquoi c'est très important d'en discuter. Les filles et les femmes ne méritent jamais les agressions de ce genre, même si elles ont tourné dans des vidéos pornos. D'ailleurs, les garçons ne sont pas traités de la même manière s'ils font des nudes ou des vidéos avec du sexe. C'est donc une violence sexiste et c'est très grave. Si tu vois ça un jour, tu ne dois surtout pas y participer. Si tu as des amies à qui ça arrive, ou même si ce sont des filles que tu n'aimes pas trop, souviens-toi qu'en tant que témoin, tu as de l'importance. Il ne faut pas laisser faire ça et il ne faut pas participer à cette violence. Le mieux est d'en parler à des adultes et de soutenir les victimes.*

*Il est également important de savoir que certaines pornographies sont illégales. C'est le cas de tout matériel qui met en scène des personnes de moins de 18 ans, car c'est de la pédopornographie et de la pédocriminalité. La pornographie avec des animaux est également interdite par la loi. La pornographie comprenant de la violence est également interdite par la loi. La violence est ici définie par l'absence de consentement ou la volonté de faire du mal à une personne. Détenir, regarder ou partager ce type de pornographie est interdit par la loi et toute personne qui contrevient à ces règles se rend coupable, même les personnes de moins de 18 ans.*

## Porno et éducation sexuelle

La recherche montre que les jeunes consultent des contenus pornographiques notamment pour se renseigner et voir à quoi ressemblent les corps, les pratiques et le porno lui-même. Et il est vrai qu'il n'existe pas de matériel équivalent pour voir des corps en action au moment de l'entrée dans la sexualité. Cette curiosité est normale. Il convient donc de les informer sur le fait que, bien qu'on puisse voir beaucoup de choses dans la pornographie, cela ne tient pas lieu d'éducation sexuelle.

*«On n'apprend pas à conduire en regardant* Fast and Furious[126]*, on n'apprend pas le sexe en regardant du porno.» Regarder du porno peut être agréable et divertissant, on y voit certainement des choses qu'on n'a jamais vues, mais ce n'est pas un manuel d'éducation sexuelle. La pornographie, c'est de la mise en scène, de la fiction. Les acteurs et les actrices sont des professionnel·le·s qui exagèrent beaucoup de choses. Ce qui est montré dans le porno n'a pas pour but d'être répété dans la vraie vie. D'ailleurs, même si plein de gens sont excités par ce qu'ielles voient dans le porno, ielles n'ont pas vraiment envie de le faire en vrai.*

*Apprendre la sexualité, ça prend toute la vie. Quand on débute, on tâtonne et c'est rarement parfait dès le départ. Et c'est O.K. Ce qui est important, c'est d'être à l'écoute de soi-même et de son/sa partenaire. Parfois, on change, on apprend des choses, on découvre... La sexualité, c'est à chaque fois nouveau, et personne n'est un pro absolu du sexe, parce que le sexe, c'est différent pour chaque personne. Le sexe, ce n'est pas juste de la technique, c'est aussi une relation, des sensations et des émotions de natures différentes.*

## Safe sexe et contraception

*Dans les films pornos, la plupart du temps, les acteur·rice·s ne se protègent pas vis-à-vis des infections sexuellement transmissibles. Ielles font des tests régulièrement, mais cela n'est pas suffisant. Dans la vraie vie, il faut se protéger. Le préservatif est un très bon moyen de se protéger des maladies.*

*Les actrices prennent certainement des contraceptifs pour ne pas tomber enceintes, ce sont elles qui s'en chargent. Ce sont souvent les filles qui s'inquiètent à propos du fait de ne pas tomber enceintes. Les garçons devraient, eux aussi, se poser la question, y penser lors des rapports sexuels et s'en charger, et payer les*

126. Je ne sais pas à qui attribuer cette citation que j'ai entendue de la bouche d'une pornstar et lu sur le site Internet du canton de Fribourg, il n'en reste pas moins qu'elle a le mérite d'être claire et évidente.

*contraceptifs. Quand deux personnes font du sexe et que quelqu'un tombe enceinte, ce sont les deux personnes qui sont responsables.*

*La sexualité, ce n'est pas dangereux et on peut éviter autant les maladies que les grossesses non désirées. Il faut juste faire attention et ne pas prendre la chose à la légère comme c'est le cas dans les films pornos.*

### Pratiques extrêmes

*Dans le porno, ce sont des acteurs et des actrices professionnel·le·s qui jouent des scénarios exagérés de manière volontaire. Ielles prennent des positions compliquées, vont très fort, très longtemps... En réalité, la sexualité n'a pas besoin d'être aussi acrobatique et extrême, et ce n'est pas forcément ça qui donne le plus de plaisir. La sexualité n'est pas une performance. On peut aller lentement, doucement et parfois plus fort si on en a envie tous les deux. Le porno nous donne parfois l'impression que pour faire l'amour, on doit être des sportifs d'élite, mais ça n'est pas vrai, et ce n'est pas un concours ni de force ni de performance.*

## *Différence entre réalité et fiction*

Le porno est une fiction. À l'instar de quantité de films, il propose des choses problématiques, ce qui n'empêche pas qu'on puisse l'apprécier et le regarder tout en gardant son esprit critique et surtout la conscience du fait qu'il ne s'agit pas d'une représentation de la réalité. La pornographie provoque des sensations et des émotions fortes qui engendrent une forte adhésion identitaire et qui font craindre que les jeunes notamment ne fassent pas la différence entre fiction et réalité. Bien que de nombreuses études montrent que même les jeunes font la différence entre ce qu'ielles voient dans le porno et la réalité de la sexualité, il est important de préciser, en particulier aux plus jeunes, que le porno, c'est de la fiction.

*Les films pornographiques sont produits par des professionnel·le·s dont le métier est de faire croire aux histoires qu'ielles proposent. Ce sont des acteurs et des actrices qui jouent dedans, dont le métier est de nous faire croire que ce qui se passe dans le film est vrai. Mais, de la même manière que* Star Wars *ou* Barbie *sont des fictions, le porno, c'est de la fiction. Tout est exagéré dans le porno, comme dans les films. Dans la vraie vie, on ne peut pas voler comme* Superwoman *; dans la vraie vie, on ne fait pas l'amour comme dans le porno. Ce n'est vraiment pas la réalité de la sexualité qu'on voit dans le porno. Et nous ne pouvons pas faire tout ce que nous voyons dans le porno parce que nous ne sommes pas des actrices et des acteurs de porno et que notre corps n'est pas entraîné pour ça.*

*Les acteurs et les actrices sont aussi choisi·e·s pour leur corps. Ces corps ne sont pas représentatifs de la réalité. On choisit souvent les acteurs parce qu'ils ont des grands pénis, et les pénis ne sont pas aussi grands en général. Ce n'est pas un problème parce que la taille du pénis n'a pas d'incidence sur le plaisir. Il n'y a pas besoin d'avoir un grand pénis pour faire l'amour : toutes les tailles sont dans la nature et toutes les tailles vont très bien ! C'est pareil pour les actrices. Certaines ont de fortes poitrines, et parfois, elles ont fait de la chirurgie esthétique. Ensuite, les actrices sont coiffées et maquillées pour entrer dans leur rôle. Les parties génitales des acteurs et des actrices sont souvent épilées ou rasées et, parfois même, maquillées. Mais il faut savoir que toutes les vulves sont différentes et elles sont toutes normales. Parfois, les lèvres sont plus grandes ou asymétriques, et toutes les vulves sont dans la nature.*

*Dans les films pornos, les acteurs et les actrices sont souvent épilé·e·s. Si tu désires t'épiler, c'est O.K., mais sache que ce n'est pas obligatoire et que la majorité des gens ont des poils sur leurs parties génitales, et ça ne pose pas de problème ni d'hygiène ni de plaisir. L'épilation, c'est un peu une mode. Il y a quarante ans, les femmes avaient des poils sous les aisselles et sur le pubis et ça ne posait aucun problème. Ça n'a rien de naturel de s'épiler ou de trouver les poils moches, ce sont des constructions et le porno participe à construire ces critères de beauté.*

### *Scripts sexuels*

Il y a un outil très pratique pour parler de porno et de sexualité, c'est la notion de scripts sexuels. Il s'agit de scénarios qui scriptent nos sexualités et qui sont exacerbés dans le porno. Par exemple, une relation hétérosexuelle se passe généralement de cette manière : embrassade, caresses, « préliminaires » (caresses intimes, pratiques bucco-génitales), coït, orgasme masculin, fin. Dans le porno mainstream, ce schéma est répété à l'infini avec quelques variantes et un élément presque central de l'esthétique pornographique : comme on doit voir l'orgasme, pour le spectacle, l'éjaculation est généralement externe, le plus souvent sur le visage ou dans la bouche des actrices.

Discuter des scripts sexuels avec les adolescent·e·s permet de questionner les normes sexuelles, notamment présentes dans la pornographie, et une exploration plus libre de la sexualité. Le coït n'est pas une fin en soi, l'orgasme non plus, particulièrement celui des hommes. La stimulation clitoridienne est tout aussi centrale que celle du pénis. Les scripts sexuels peuvent être réinventés et discutés lors de chaque interaction sexuelle, ce qui a pour effet de questionner également constamment le consentement. « Et maintenant on fait quoi ? De quoi tu as envie ? » Apprendre cela à nos enfants, c'est leur donner de vrais outils pour une sexualité épanouie et qui leur appartient.

*Il existe une chose que les spécialistes de la sexualité appellent des scripts sexuels. Les scripts, dans le cinéma, c'est ce que les acteurs et les actrices suivent pour respecter les volontés du scénariste. Dans la sexualité, les scripts, c'est la manière dont on fait habituellement l'amour. Mais on ne devrait pas suivre un script, parce que dans la sexualité, c'est l'autre et soi, les scénaristes, et le script s'écrit au fur et à mesure, car on ne sait jamais d'avance de quoi on va avoir envie ni de quoi va avoir envie (ou pas) l'autre. Dans la sexualité, on écrit le scénario au fur et à mesure, ensemble.*

*Dans le porno, il y a des scripts et des scénarios, parce que c'est du cinéma. Et c'est toujours un peu les mêmes. C'est parce que ceux et celles qui écrivent ces scénarios respectent des codes (ceux de la pornographie, ceux d'un genre). Mais, dans la sexualité, il n'y a pas de code à suivre, à part celui du consentement. Alors, le mieux c'est de discuter. Et de ne pas suivre, parce qu'on les a vus, les scripts du porno ou de la sexualité comme on l'imagine. C'est vraiment plus chouette quand on écrit son propre script.*

## Diversité dans la sexualité

On peut penser que le porno représente un risque en ce qu'il encourage les gens à avoir des pratiques sexuelles qu'ielles n'auraient pas s'ielles ne regardaient pas de porno. Cet argument ne m'inquiète pas beaucoup. Si les gens sont inspirés dans leur sexualité par le porno, finalement, tant mieux. Le porno représente davantage un risque en ce qu'il réitère des normes plutôt limitantes en matière de sexualité. C'est pour cette raison qu'il est important de rappeler aux jeunes que la sexualité est un univers très diversifié.

*La pornographie montre plein de choses différentes mais, le plus souvent, elle répète le même scénario. En réalité, la sexualité est beaucoup plus diverse que ça et tu as la vie entière pour découvrir ce qui te plaît et ce qui te convient.*

*Dans la pornographie, la pénétration est très présente. Mais il y a plein d'autres manières de faire l'amour. La pénétration n'est pas plus importante qu'autre chose dans la sexualité. Dans le porno, les scènes finissent le plus souvent par l'éjaculation, c'est-à-dire l'orgasme masculin. Mais ce n'est pas toujours comme ça que finit une relation sexuelle. D'ailleurs, l'orgasme n'est pas forcément le but d'une relation sexuelle. Parfois, on a des orgasmes, et parfois non. On peut prendre beaucoup de plaisir et ne pas forcément avoir un orgasme.*

## Le sexisme dans le porno

La place des femmes dans le porno mainstream est pour le moins discutable. Le porno objectifie largement les personnages féminins qui sont là pour donner du plaisir et exciter les hommes. Il est important de thématiser cela avec les jeunes, filles comme garçons.

*Le porno hétéro met en scène des femmes qui sont là pour donner du plaisir aux hommes. Elles sont généralement très excitées et veulent beaucoup de sexe. Généralement, elles montrent qu'elles prennent beaucoup de plaisir. Comme le porno est traditionnellement fait par et pour des hommes, c'est assez logique que les femmes soient là « au service » du désir et du plaisir masculin. C'est également logique d'être excité·e par ça si on est un homme et même si on est une femme parce que ces contenus sont prévus pour être communicatifs. Il y a cependant plusieurs choses à dire sur la manière dont sont traitées les femmes dans le porno.*

*Pour donner du plaisir à une vulve, ce qui est proposé dans le porno n'est pas très efficace. L'organe des vulves qui donne du plaisir est le clitoris. Dans le porno, on s'intéresse assez peu au clitoris. Dans la sexualité, c'est important de s'occuper du plaisir de tout le monde et pas seulement du pénis.*

*Dans le porno, les femmes sont souvent traitées de manière brusque ou sans respect. Elles sont parfois insultées. Parfois, elles sont utilisées un peu comme des poupées, comme si elles ne sentaient rien. Il y a aussi des films pornos avec de la violence. Tu te rends bien compte que, dans la réalité, ce n'est pas comme ça qu'on traite les femmes et que les femmes n'ont pas à accepter d'être traitées ainsi. Certaines personnes aiment bien jouer à des jeux avec des insultes ou des choses qui peuvent sembler brutales, mais ça ne peut se faire que si on en a discuté et que les deux en ont envie. Ce n'est pas du tout quelque chose à faire de manière automatique, comme c'est le cas dans le porno. Et dans tous les cas, on respecte toujours le corps de l'autre. Le sexe, ça n'a pas besoin de faire mal et quand une personne a mal, c'est important qu'elle puisse le dire et qu'elle soit entendue et respectée.*

*Le porno, c'est un truc un peu étrange parce que, parfois, nous voyons bien que ce qui se fait n'est pas très correct, mais ça peut nous exciter quand même. C'est parce que l'excitation est un truc compliqué et que, parfois, nous sommes excité·e·s par des choses que nous ne voudrions pas faire en vrai ou qui entrent en contradiction avec nos valeurs. C'est normal. C'est utile de le savoir pour ne pas nous sentir coupable et pour faire la différence entre les choses qui peuvent nous exciter et les choses que nous pouvons et/ou voulons faire en vrai. Ce n'est pas parce que quelque chose t'a intéressé·e ou excité·e dans le porno que tu peux ou dois te comporter de la même manière dans la vie et dans la sexualité relationnelle. C'est particulièrement vrai avec la manière dont sont traitées les femmes dans le porno.*

## Le racisme dans le porno

Les catégories sur les sites pornos sont très souvent liées aux différences raciales des personnes non blanches. Ces fantasmes reposant sur les marqueurs raciaux sont fortement liés à notre histoire coloniale qui a construit un imaginaire autant des femmes colonisées (sauvages, sursexualisées, disponibles…) que sur les rapports de pouvoir du genre et de la race. Les hommes colonisés ont également été sexualisés (notamment à travers des mythes autour du pénis des hommes non blancs). Aujourd'hui, cela se retrouve de manière prégnante dans la pornographie, comme dans le reste de notre culture. Il est important de déconstruire cela avec les jeunes qui sont amené·e·s à voir de la pornographie.

Le racisme est un phénomène structurel. S'il existe des catégories pornos ou des fantasmes racistes, c'est parce que notre histoire est notamment bâtie sur la colonisation et l'esclavage. Le porno n'est pas plus raciste que le reste de la culture ou de la société, il classifie de façon exagérée et problématique ce qui se trouve partout. Comme pour le reste, il faut déconstruire cela et promouvoir une éducation antiraciste, aussi bien institutionnelle qu'au sein des familles.

*Les catégories sur les sites pornos sont souvent en lien avec les différences raciales des personnes non blanches présentes dans le porno. Que ce soient les hommes ou les femmes, ielles sont présenté·e·s uniquement à travers ces caractéristiques. Cela est raciste. Si aujourd'hui on remarque et on nomme les différences uniquement quand il s'agit de personnes non blanches, c'est parce que son histoire a fait qu'on pense que la norme, c'est les Blanc·he·s. Dans le domaine de la sexualité, on a beaucoup parlé de la sexualité des personnes non blanches pour les déshumaniser. On a construit un mythe autour de la taille du pénis des hommes noirs, c'était une manière de les animaliser (de les faire passer pour des animaux). On a fait de même avec les femmes noires ou brunes de peau, en les faisant passer pour des femmes dont la sexualité était plus débridée. C'était une manière de se donner le droit de faire ce qu'on voulait avec elles.*

*Aujourd'hui, de nombreuses personnes fétichisent les personnes marquées par les différences raciales (les personnes non blanches). Ça veut dire qu'elles fantasment particulièrement sur certaines catégories de différences raciales. Certaines personnes disent «j'ai pas envie de coucher avec un·e Noir·e» ou, au contraire, «les personnes noires m'attirent». C'est un problème de voir les gens à travers leurs différences raciales, particulièrement en matière de sexualité. Bien sûr, on a le droit de trouver certaines personnes plus attirantes, mais se focaliser sur la couleur de peau ou les différences raciales au point que cela prenne le pas sur les autres caractéristiques des gens, c'est raciste. Réduire une personne, en particulier une personne non blanche, à ses différences, c'est raciste.*

*Les mots utilisés dans les catégories pornos sont des mots qu'on utilise sur les sites pornos et pas dans la vraie vie pour parler des gens. Surtout les termes racistes et sexistes. Ces termes réduisent les gens à des catégories qui ne sont pas intéressantes.*

## Si votre enfant a vu du porno

Si vous savez que votre enfant a vu du porno, la réaction à avoir dépend de son âge. Est-ce que votre enfant est encore petit? Ou est-ce qu'il s'agit d'un·e ado? Les motivations et les usages du porno varient en fonction de l'évolution pubertaire des jeunes, notamment en fonction de leur entrée dans une sexualité génitale (relationnelle ou solitaire). Ainsi, s'il est important de parler de pornographie avec tou·te·s, aborder leur propre rapport avec la pornographie est délicat.

Si un enfant prépubère a vu de la pornographie, il peut être important d'en discuter avec lui. Vous pouvez regarder avec ellui la vidéo d'Action Innocence pour les enfants de 8 à 10 ans[127].

*Tu as vu des images pornographiques. Ce ne sont pas des images qui sont faites pour les enfants de ton âge. Je ne suis pas fâché·e contre toi, tu n'as pas fait de bêtise. Je veux juste que tu saches que tu peux venir m'en parler si cela t'a dérangé·e. C'est normal que le porno provoque des émotions en nous, agréables et désagréables, et tu n'as pas besoin de rester seul·e avec ça.*

*Je voudrais m'assurer que personne ne t'a obligé·e à regarder du porno. C'est interdit de montrer du porno aux enfants, et je veux être sûr·e que tu n'as pas été forcé·e par quelqu'un. Je ne vais pas me fâcher, ne t'inquiète pas. Je veux juste que tu saches que personne n'a le droit de t'obliger à regarder du porno, ni un adulte ni un autre enfant.*

A contrario, si c'est un·e jeune plus âgé·e qui regarde du porno, notamment à des fins masturbatoires, lui parler de sa consommation, c'est entrer dans son intimité. Il est alors plus adéquat d'en parler en des termes généraux sans poser de questions sur son usage du porno.

*C'est normal de s'intéresser à la sexualité et à la pornographie à l'adolescence. C'est également normal d'être excité·e par ça. Cela étant dit, il y a plein de choses à savoir sur le porno (cf. les autres chapitres et pistes de discussion). Et je veux que tu saches que si un jour tu as envie de m'en parler parce que tu rencontres un problème ou que tu as des questions, je suis là. Tu peux aussi poser des questions sur le site internet www.ciao.ch ou www.onsexprime.fr[128] sur lesquels des professionnel·le·s pourront répondre de manière anonyme. De mon côté, je respecte ton intimité, mais sache que je suis là si tu as besoin de moi.*

127. RDV au chapitre « ressources » en fin de livre.
128. RDV au chapitre « ressources » en fin de livre.

# Conclusion

Le but de ce livre est de nous donner du pouvoir d'agir face à une situation qui nous angoisse et nous préoccupe. Pour cela, il est important de déconstruire des idées reçues, des idées morales et de faire le tri entre émotions, savoir, connaissances et principes éducatifs.

Le but est de pouvoir converser sur cette question du porno en famille, sans que les tabous et la gêne prennent toute la place. De nombreuses pistes permettent cette discussion, présentées ici ou dans d'autres ouvrages et sites Internet. C'est à chaque parent qu'il appartient de s'approprier les boîtes à outils à disposition et d'en faire ce qu'iel souhaite en fonction de ses besoins, de ses valeurs et de la connaissance qu'iel a de ses enfants.

Pour cela, il faut remettre le porno à sa place, c'est-à-dire au milieu d'autres enjeux liés à l'égalité, au numérique, à la sexualité et à la culture. Le porno n'est pas un monstre, c'est au mieux un épouvantail. Ce n'est qu'une catégorie opérante si on la remet dans son contexte culturel, politique et social.

Composer avec les contenus pornographiques, avec l'éducation, c'est avant tout faire au mieux, se faire confiance et faire confiance à ses enfants. L'enfance, l'adolescence, la jeunesse ne sont pas des choses monolithiques. Nos principes et nos règles évoluent avec elleux dans une danse aussi belle à voir qu'à vivre.

Et, bien sûr, il ne faut pas oublier qu'au-delà de ce que les parents peuvent faire pour l'éducation sexuelle de leurs enfants, il est impératif de défendre, renforcer et d'inclure l'éducation sexuelle et affective à l'école et dans les espaces de jeunesse tant il est vrai qu'une politique de santé publique et de bien-être social ne peut être efficace que si on l'aborde collectivement, en tant que société.

# Quelques ressources pour trouver du soutien ou pour aller plus loin

Toutes ces informations sont mises à jour et disponibles sur le site www.pornoparlonsen.ch.

## *OMS – Organisation mondiale de la santé*

L'Organisation mondiale de la santé est l'institution spécialisée de l'Organisation des Nations unies (ONU) pour la santé publique. Le site de l'OMS contient des informations sur la santé (notamment sexuelle et psychologique) et les cadres internationaux.

**www.who.int/fr/**

La majorité des hôpitaux ont des sites internet qui regorgent d'informations sur de nombreuses questions liées à la santé.

## *Santé Sexuelle Suisse*

Santé Sexuelle Suisse est l'organisation faîtière suisse des centres en santé sexuelle, partenaire de l'Office fédéral de la santé publique (OFSP). Son site internet regorge d'informations pratiques pour la Suisse et sur la santé sexuelle en général.

Chaque canton suisse offre des prestations en local dans des centres en santé sexuelle, qu'il ne faut jamais hésiter à chercher et à appeler directement.

**www.sante-sexuelle.ch**

Santé Sexuelle Suisse a notamment mis en place le site www.educationsexuelle-parents.ch qui a pour but de fournir aux parents et aux autres personnes de référence en charge d'enfants des informations sur le développement sexuel et son accompagnement selon les différentes catégories d'âge.

### *Ciao.ch*

Ciao.ch est un site internet sur lequel les jeunes peuvent poser toutes leurs questions et où des spécialistes répondent sans jugement. Sur la base de ces questions, de nombreuses ressources sont mises à disposition sous la forme de FAQ (foire aux questions).

**www.ciao.ch**

### *On SEXplique ça*

C'est un site québécois d'éducation sexuelle comprenant du matériel didactique et éducatif, des vidéos et de nombreuses ressources et liens.

**onsexpliqueca.com**

### *OnSexprime.fr*

Onsexprime.fr est un site internet sur lequel les jeunes peuvent poser toutes leurs questions et où des spécialistes répondent sans jugement. Sur la base de ces questions, de nombreuses ressources sont mises à disposition sous forme de FAQ (foire aux questions).

**onsexprime.fr**

### *Planning-familial.org*

Planning-familial.org est un réseau associatif et militant qui offre de services de santé sexuelle en France. Il répertorie les centres de santé sexuelle sur le territoire français.

**Planning-familial.org**

### *Cool and Safe*

Cool and Safe est un site belge de santé sexuelle axé principalement sur la prévention des infections sexuellement transmissibles, la planification des naissances, la lutte contre les violences sexuelles et l'orientation sexuelle et l'identité de genre.

**cool-and-safe.org**

### *Sofelia*

Sofelia est une fédération militante des centres de planning familial solidaire en Belgique. Son site propose des ressources locales et digitales sur la santé sexuelle.

**Sofelia.be**

### *Hey You*

*Hey You* est un guide d'éducation sexuelle pour les jeunes dès 12 ans, disponible en ligne ou à commander pour 1 CHF (1 €) en version papier, édité par Santé Sexuelle Suisse et disponible sur son site internet (cf. ci-haut). C'est un matériel de très bonne qualité très pratique à avoir et à mettre à disposition, utile comme base de discussion avec les jeunes.

### *Mon sexe & moi*

*Mon sexe & moi* est une brochure qui propose de découvrir l'anatomie génitale et sa grande diversité, les bases physiologiques de la fonction sexuelle et non reproductive. Ce guide est édité par le Bioscope de l'Université de Genève.

### *Sciences, sexes, identité de l'Université de Genève et son projet Genitalia*

L'université de Genève, dans une très large collaboration, a produit une série de dix capsules vidéos pédagogiques, sous-titrées dans de nombreuses langues, sur l'anatomie et la physiologie des organes génitaux externes, les croyances, mythes et méconnaissances les concernant, ainsi que les impacts de ces derniers sur les pratiques chirurgicales de la modification génitale.

Cherchez « Genitalia » sur votre moteur de recherche.

### *Action Innocence*

La fondation Action Innocence, active en Suisse depuis 1999, a pour mission de préserver la dignité et l'intégrité des enfants et des adolescent·e·s dans leur utilisation d'Internet. Elle promeut un usage sain et modéré des écrans, ainsi qu'une pratique sécurisée, citoyenne et responsable des technologies de l'information et de la communication (TIC).

En collaboration avec des expert·e·s de la santé sexuelle, Action Innocence développe du matériel de prévention à l'attention des jeunes, des parents et des professionnel·les qui les accompagnent. Il est indispensable que les enfants et les adolescent·e·s puissent être écouté·e·s et soutenu·e·s quand elles et ils sont exposé·e·s à du contenu qui ne leur est pas destiné.

**www.actioninnocence.org**

Action Innocence a notamment produit une petite vidéo à l'attention des 8 à 10 ans à propos de la pornographie, très utile pour savoir que dire, pour lancer une discussion sur le sujet ou si l'on n'est pas à l'aise d'en parler soi-même. Disponible sur leur site internet.

### *Stop-Cybersexime.com*

Stop-cybersexisme.com est un site français de prévention du cybersexisme et guide en cas de situation de cybersexisme. On y trouve des outils et des conseils pour réagir dans ces situations.

**Stop-cybersexisme.com**

### *Observatoire de la parentalité & de l'éducation numérique*

L'OPEN est une association française mobilisée autour de l'accompagnement des parents et des professionnel·le·s sur les sujets de la parentalité numérique. « Pour vous réconcilier avec les écrans ! »

**www.open-asso.org**

## *Santépsy.ch*

Santépsy.ch est un acteur de référence en Suisse latine dans la promotion de la santé mentale, proposant à l'ensemble de la population et aux professionnel·le·s une palette d'informations, d'outils, de ressources et de conseils pratiques.

**www.santepsy.ch**

## *Mon Soutien Psy*

Mon Soutien Psy est un site français qui propose des ressources en cas de besoin de traitement psychologique.

**www.monsoutienpsy.sante.gouv.fr**

## *The Porn Conversation*

The Porn Conversation est un site d'information britannique sur la pornographie à l'attention des éducateur·rice·s, parents et adultes accompagnants pour permettre la conversation avec les jeunes. On y trouve de nombreuses ressources dans plusieurs langues. C'est la pornographe féministe Erika Lust qui a réalisé ce projet.

**thepconversation.org**

## *Jeunes & Médias*

Jeunes & Médias est le portail suisse d'information consacré à la promotion des compétences numériques. Il aide les parents et les professionnel·le·s à accompagner les jeunes d'une manière compétente dans leur usage des médias afin qu'ielles les utilisent d'une façon sûre et responsable.

**www.jeunesetmedias.ch/**

### *Pro Juventute*

Pro Juventute est une fondation qui accompagne la parentalité afin de permettre aux jeunes de développer leurs compétences dans une perspective d'autodétermination et de confiance en soi, notamment autour des questions liées aux médias numériques et à la sexualité.

**www.projuventute.ch/fr**

### *147*

Le 147 est un numéro d'urgence gratuit et confidentiel en Suisse (appels, WhatsApp ou SMS) et un site internet sur lequel les jeunes trouvent du soutien ou des informations. C'est la fondation Pro Juventute qui se charge de cette ligne et du site internet lié.

**www.147.ch/fr**

### *Les Jeunes, la sexualité et Internet*

Une enquête de Yaëlle Amsellem-Mainguy et Arthur Vuattoux, intéressante pour qui souhaite aller un peu plus loin au sujet de l'entrée des jeunes dans la sexualité en lien avec les espaces numériques. (Cf. Bibliographie)

### *C'est quoi l'amour, maîtresse ?*

Un podcast par Lolita Rivé, enseignante, hors-série du « Cœur sur la table ». Dans ce podcast, les questions d'amour et de sexualité sont discutées en classe avec des enfants de 7 à 8 ans dans le cadre d'un cours d'éducation à la vie sexuelle et affective.

Cherchez « C'est quoi l'amour, maîtresse ? » sur votre moteur de recherche. Disponible sur les plateformes de podcast et sur binge.audio

### *Le Petit Illustré de l'intimité*

Livres d'éducation à la vie affective et sexuelle pour les enfants dès le plus jeune âge en 4 tomes. Tout savoir sur toutes les parties du corps, afin de permettre à nos enfants de les désigner correctement et d'être en mesure de communiquer sur leur corps et leurs besoins.

Tome 1: *De la vulve, du vagin, de l'utérus, du clitoris, des règles, etc.*

Tome 2: *Du pénis, des testicules, du scrotum, du prépuce, des érections, etc.*

Tome 3: *Des conceptions, de l'adoption, des familles, de la parentalité, etc.*

Tome 4: *De la sexualité, de la contraception, des IST, du consentement, etc.*

### Les associations féministes ou LGBTIQ+ et institutions en faveur de l'égalité et contre les violences sexistes

Impossible de les lister toutes! N'hésitez pas à rechercher des associations ou des institutions de votre région si vous avez besoin de soutien face à des situations de violences sexistes ou sexuelles. Il existe de nombreux·ses professionnel·le·s et militant·e·s qui peuvent vous conseiller ou vous orienter en cas de besoin. Vous n'êtes jamais seul·e.!

### Centre de soutien aux victimes d'infraction

Si vous ou vos enfants avez été victimes d'infraction, vous pouvez vous adresser au centre de soutien et de consultation aux victimes d'infraction de votre région.

### Les bibliothèques

Les bibliothèques publiques regorgent de ressources sur le corps, la santé sexuelle, le genre, les violences sexistes… C'est un lieu où les jeunes peuvent chercher des informations dans la discrétion. Il peut être indiqué de le leur rappeler.

En cas d'urgence ou d'infraction, vous pouvez toujours faire appel à la police.

# Remerciements

Je souhaite remercier toutes les personnes qui m'ont soutenue et encouragée dans la conceptualisation et la rédaction de ce projet. Jonas Schneiter, qui m'a mise en lien avec les éditions Favre et qui m'a fait prendre conscience de l'intérêt de ce projet par ses réactions. Caroline Jacot-Descombes et Jacqueline Fellay Jordan, de Santé Sexuelle Suisse, pour avoir répondu à mes questions de manière encourageante et rassurante. Le travail de Santé Sexuelle Suisse est important, indispensable, et les pressions que la fondation subit pour défendre une éducation sexuelle inclusive et de qualité sont indignes. Merci à Carole Barraud-Vial du pôle prévention d'Action Innocence ainsi qu'à Anne-Florence Débois, de Pro Juventute pour les échanges et les ressources. Merci à Zoé Blanc-Scuderi, du cabinet Sexopraxis pour ses relectures et ses conseils, ainsi qu'à Geraldine Brown pour le temps accordé et les pistes de réflexion. Merci au service Agenda 21 – Ville durable de la Ville de Genève d'avoir pris le temps de répondre à mes questions, pour les conseils et ressources.

Un grand merci aux éditions Favre, à Sophie Rossier et Laurane Quartenoud pour leur soutien et leur aide. Merci à Charlotte Annoni de Rufz pour le travail de couverture que j'aime tant.

Et, bien sûr, merci à mon partenaire *in life and in crime*, Thibault Leutenegger pour son soutien et son support aussi bien logistique qu'intellectuel sans lequel ce livre n'aurait pu voir le jour. Et merci à Jules de Senarclens, personnage principal, pour les retours, les idées et l'intelligence, qui me prouve tous les jours que les enfants ont leur place dans la discussion. Son frère Louison n'a pas eu à essuyer les plâtres, il est également dans le jeu.

# Bibliographie


Amsellem-Mainguy, Yaëlle; Constance, Cheynel et Anthony Fouet, « Entrée dans la sexualité des adolescent(e)s : la question du consentement », *INJEP Notes & rapports*, 1er août 2015.

Amsellem-Mainguy, Yaëlle et Arthur, Vuattoux, *Les Jeunes, la Sexualité et Internet*, Paris, éd. François Bourin, 2020.

Auerbach, David, « Porno Vampire », *Slate*, 23 octobre 2014.

Baudy, Mathilde et Tiphaine, Dieumegard, *Le Petit Illustré de l'intimité,* Albertville, éd. Atelier de la belle étoile, 2021.

Boislard, Marie-Aude, sous la direction de Michel Claes et Lyda Lannegrand-Willems, *La Psychologie de l'adolescence*, chapitre 5 « La sexualité », éd. Presses de l'Université de Montréal, 2018, pp. 129-154.

Bozon, Michel, « Autonomie sexuelle des jeunes et panique morale des adultes. Le garçon sans frein et la fille responsable », *Agora débats/jeunesses* n° 60, 2012/1, pp. 121-134.

*Cash Investigation,* « Porno, un business impitoyable », France TV, 2023.

Cervulle, Maxime et Vörös, Florian, *Cultures pornographiques : anthologie des « porn studies »*, Paris, éd. Amsterdam, 2015.

Claes, Michel et Lannegrand-Willems, Lyda, éd. *La psychologie de l'adolescence*, Montréal, Presses de l'Université de Montréal, 2018.

Cordier, Anne, *Grandir informés, les pratiques informationnelles des enfants, adolescents et jeunes adultes*, Caen, C&F Éditions, 2023.

Damian-Gaillard, Béatrice et Vörös, Florian, « Pornographie : la dérive autoritaire du HCE », *Mediapart*, 27 octobre 2023.

Demierre, Irène, « Pornographie et adolescence, comment améliorer la pratique en conseil et en éducation sexuelle ? » *CEFOC HETS*, DAS en Santé sexuelle, 2021.

Diamond, Milton, « Pornography, Public Acceptance and Sex Related Crime: A Review », *International Journal of Law and Psychiatry* vol. 32, n° 5, septembre 2009 : pp. 304-314.

Dr Kpote, *Pubère la vie : À l'école des genres*, Bordeaux, éd. du Détour, 2023.

Ferguson, Christopher J. et D. Hartley Richard, « Pornography and Sexual Aggression: Can Meta-Analysis Find a Link? » *Trauma, Violence & Abuse* vol. 23, n° 1, janvier 2022, pp. 278-287.

Canton de Genève « Comment parler de sexualité avec vos enfants ? », consulté le 21 novembre 2023.

« Geeks, trolls n° 038 ; Cie (1/2), Les Couilles sur la table », Binge Audio, consulté le 15 novembre 2023.

Action Innocence, « Une capsule vidéo explique aux enfants de 8-10 ans que faire s'iels sont exposé·e·s à la pornographie », Action Innocence, consulté le 12 septembre 2023.

Lajeunesse, S.-L. et Deslauriers J.-M., « Point de vue masculin sur la pornographie : des fantasmes à la réalité », *Sexologies* vol. 22, n° 1, janvier 2013, pp. 32-41.

Lavigne, Julie ; Le Blanc Myriam et Maiorano Sabrina, « Agentivité sexuelle des femmes dans les films pornographiques critiques réalisés par des femmes », *GLAD ! Revue sur le langage, le genre, les sexualités*, n° 6, juillet 2019.

*Le Monde.fr*. « Le porno en quête d'une nouvelle vigueur », 10 avril 2015.

Coline de Senarclens, « Le billet de Coline de Senarclens, L'accompagnement au porno pour les enfants », Émission *Les beaux parleurs*, RTS La Première, mars 2023.

« Male gaze, ce que voient les hommes, Les Couilles sur la table » Binge Audio, consulté le 14 novembre 2023.

« Accusations de viols : "Jacquie et Michel", "French Bukkake"… Le porno rattrapé par la justice », *Marianne* 15 juin 2022.

Ovidie, *À un clic du pire : la protection des mineurs à l'épreuve d'Internet*, Paris, éd. A. Carrière, 2018.

Perry, Samuel L. “Pornography Use and Depressive Symptoms: Examining the Role of Moral Incongruence”, *Society and Mental Health* vol. 8, n° 3, novembre 2018, pp. 195-213.

Pheterson, Gail, *Le Prisme de la prostitution*, éd. L’Harmattan, 2003.

Prévention Suisse de la Criminalité, « Pas ok ! » www.pas-ok.ch, consulté le 14 novembre 2023.

« Le propriétaire du site “Jacquie et Michel” placé en garde à vue », *Radioscoop* 14 juin 2022.

« Rapport – PORNOCRIMINALITÉ : mettons fin à l’impunité de l’industrie pornographique ! », Haut Conseil à l’Égalité entre les femmes et les hommes, République française, 27 septembre 2023.

Ronfaut-Hazard, Lucie et Malle, Mirion, *Internet aussi, c’est la vraie vie !* Montreuil, éd. La ville brûle, 2022.

Rubin, Gayle S. *Surveiller et jouir : anthropologie politique du sexe*, Paris, éd. EPEL, 2010.

Saliou, Mathilde, « En ligne, on s’échange du “revenge porn” comme des cartes Pokémon », *Slate.fr*, 26 octobre 2022.

Science, London School of Economics and Political, « EU Kids Online 2020 », 2020.

de Senarclens Coline, *Salope ! Réflexions sur la stigmatisation*, Vevey, éd. Hélice Hélas, 2014.

Sommet, Nicolas et Berent, Jacques, “Porn Use and Men’s and Women’s Sexual Performance: Evidence from a Large Longitudinal Sample”, *Psychological Medicine* vol. 53, n° 7, mai 2023, pp. 3105-3114.

« Study: Pornography Does Not Cause Violent Sex Crimes », 5 août 2020.

« The new UK porn legislation will turn erotic film into boring, unrealistic male fantasy », *The Independent*, 2 décembre 2014.

Vörös, Florian, *Désirer comme un homme : enquête sur les fantasmes et les masculinités*, Paris, éd. La Découverte, 2020.

Vörös, Florian, « Les ados et le porno : analyse d’une controverse », *in La Santé de l’Homme* n° 418, 2012, p. 16.

Vörös, Florian, « Lettre de démission du Haut Conseil à l’Égalité entre les femmes et les hommes », *Mediapart*, 14 octobre 2022.

numérique
Impression & brochage - France
Numéro d'impression : N00432240363 - Achevé d'imprimer : mai 2024
IMPRIM'VERT®
PEFC 10-31-3532